D1196523

LES FEMMES AU SECOURS DE L'ÉCONOMIE

Pour en finir avec le plafond de verre

Monique Jérôme-Forget

LES FEMMES AU SECOURS DE L'ÉCONOMIE

Pour en finir avec le plafond de verre

Une société de Québecor Média

Catalogage avant publication de Bibliothèque et Archives nationales du Québec et Bibliothèque et Archives Canada

Jérôme-Forget, Monique
    Les femmes au secours de l'économie : pour en finir avec le plafond de verre
    Comprend des réf. bibliogr.
    ISBN 978-2-7604-1101-2
    1. Femmes dans le développement économique - Québec (Province). 2. Leadership chez la femme - Québec (Province). 3. Femmes d'affaires - Québec (Province). 4. Femmes chefs d'entreprise - Québec (Province). I. Titre.

HQ1240.5.C3J47 2012   305.4209714   C2012-942006-9

Édition : Lison Lescarbeau
Direction littéraire : Marie-Eve Gélinas
Collaboration au texte : Nathalie Savaria
Révision linguistique : Isabelle Lalonde
Correction d'épreuves : Catherine Fournier
Couverture : Marike Paradis
Grille graphique intérieure : Clémence Beaudoin
Illustration de la p. 34 : Jasmin Guérard-Alie
Photo de l'auteure : Alain Lefort
Stagiaire : Catherine Fournier

Remerciements
Nous reconnaissons l'aide financière du gouvernement du Canada par l'entremise du Fonds du livre du Canada pour nos activités d'édition. Nous remercions le Conseil des Arts du Canada et la Société de développement des entreprises culturelles du Québec (SODEC) du soutien accordé à notre programme de publication.
Gouvernement du Québec – Programme de crédit d'impôt pour l'édition de livres – gestion SODEC.

Les Éditions internationales Alain Stanké
Groupe Librex inc.
Une société de Québecor Média
La Tourelle
1055, boul. René-Lévesque Est
Bureau 800
Montréal (Québec) H2L 4S5
Tél. : 514 849-5259
Téléc. : 514 849-1388
www.edstanke.com

Dépôt légal – Bibliothèque et Archives nationales du Québec et Bibliothèque et Archives Canada, 2012

ISBN : 978-2-7604-1101-2

Distribution au Canada
Messageries ADP
2315, rue de la Province
Longueuil (Québec) J4G 1G4
Tél. : 450 640-1234
Sans frais : 1 800 771-3022
www.messageries-adp.com

Diffusion hors Canada
Interforum
Immeuble Paryseine
3, allée de la Seine
F-94854 Ivry-sur-Seine Cedex
Tél. : 33 (0)1 49 59 10 10
www.interforum.fr

À Claude, Nicolas, Élise, Zoë, Louis et William.

À toutes les jeunes femmes qui rêvent de réussir.

SOMMAIRE

INTRODUCTION

« Quoi que tu rêves d'entreprendre, commence-le.
L'audace a du génie, du pouvoir, de la magie. »

GOETHE

Mon livre est le fruit d'une longue réflexion qui m'amène à défendre l'accession des femmes aux plus hautes sphères du pouvoir. Je crois que leur potentiel actuel, largement sous-utilisé, peut nous fournir la réponse afin d'améliorer la productivité du Québec, de rendre notre société plus compétitive et de nous enrichir collectivement.

Je ne vous cacherai pas mon passé féministe, mais je pense que le débat doit porter en priorité sur les écueils qui affectent la progression des femmes aux échelons supérieurs des entreprises. Des changements s'imposent dès maintenant. J'ai écrit ces lignes en pensant à toutes les jeunes femmes qui souhaitent, comme je l'ai fait, avoir des enfants tout en poursuivant une carrière et une vie personnelle épanouies à l'instar de leur conjoint. Ces femmes éduquées et compétentes méritent d'obtenir la place qui leur revient. Elles nous enrichiront de leur savoir et de leur personnalité.

Toute ma vie, j'ai fait de l'avancement des femmes une priorité. Féministe convaincue, je me suis engagée très tôt dans cette cause qui m'a conduite jusqu'à la vice-présidence de la Fédération des femmes du Québec, à la fin des années 1970. Tout au long de ma vie professionnelle, je me suis efforcée d'encourager et d'aider les femmes de talent qui m'entouraient à foncer et à gravir les échelons sans hésiter. Entrée en politique et parvenue aux plus hautes fonctions dans le gouvernement du Parti libéral du Québec, j'ai fait en sorte que le dossier de l'équité salariale soit enfin réglé une fois pour toutes.

Lorsque j'ai quitté la politique en 2009 avec le sentiment du devoir accompli, je tenais à poursuivre mon engagement auprès des femmes. Si je publie aujourd'hui cet ouvrage, c'est justement pour dénoncer, avec le parler vrai et la transparence qu'on me connaît, ce que je considère comme une injustice et le gaspillage d'un talent dont le Québec ne peut se passer. Encore en 2012, un trop faible pourcentage de femmes occupent un poste de haut niveau dans les équipes de direction et les conseils d'administration des grandes entreprises cotées en Bourse. Pourtant, les femmes représentent près de la moitié de la main-d'œuvre au Québec[1]. Elles sont en outre plus nombreuses que les hommes à fréquenter l'université, où elles obtiennent plus de diplômes aux deux premiers cycles d'enseignement[2]. Hélas, leur arrivée massive à l'université et sur le marché du travail ne se traduit pas par un équilibre du pouvoir au sommet de la hiérarchie.

Cette faible représentation des femmes confirme, selon moi, qu'un plafond de verre* ou, mieux encore, un « plancher collant » existe bel et bien pour elles. Les

---

* En anglais, *glass ceiling*, expression d'origine américaine apparue dans les années 1970 pour désigner l'ensemble des difficultés que rencontrent les femmes pour accéder au sommet de leur profession.

Les Femmes au secours de l'économie

statistiques à ce sujet sont éloquentes. Seulement 6,1 % des grandes entreprises canadiennes sont dirigées par une femme[3], une proportion décevante, mais semblable à celle des autres pays industrialisés. La pyramide ci-dessous montre l'érosion des effectifs féminins au fur et à mesure que les gestionnaires gravissent les échelons. Comme on peut le constater, la proportion de femmes fond de moitié avant même d'atteindre l'avant-dernier échelon. C'est ce qu'on appelle le plafond de verre. À l'heure actuelle, les femmes occupent 17,7 % des postes dans les équipes de direction[4] et 14,5 % des sièges dans les conseils d'administration de ces mêmes entreprises[5], une performance somme toute encourageante, mais qui signifie néanmoins que la plupart d'entre elles seront seules autour de la table lors des réunions. Car une grande majorité d'entre elles, contraintes d'abandonner la partie, auront glissé le long de ce qu'on appelle la falaise de verre.

Figure 1 : Le plafond de verre[6]

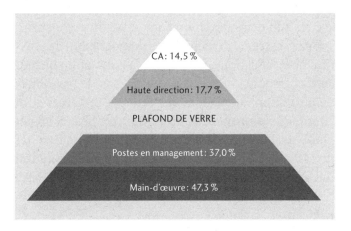

Certes, il existe bon nombre d'exceptions à ce phénomène, notamment dans le secteur financier. À titre d'exemple, au sein des grandes banques canadiennes, les femmes occupent plus de 30 % des postes de cadres supérieurs[7]. Il reste toutefois que, dans la majorité des entreprises, la montée vers le sommet est jonchée d'une série d'obstacles plus fréquents et plus pénalisants pour les femmes que pour les hommes. À mon avis, l'existence de telles difficultés tient au fait que de nombreuses entreprises ne se sont pas adaptées aux réalités contemporaines et ont maintenu une culture corporative issue des années 1950 dont les femmes ne font pas partie.

Face à de tels obstacles auxquels s'ajoutent d'autres aspects liés au leadership et à la culture organisationnelle, nombreuses sont les femmes qui limitent leur ambition et se confinent à des postes subalternes et intermédiaires, laissant aux hommes la voie libre vers le sommet.

C'est dans le but d'expliquer et d'analyser cette série de difficultés ainsi que de proposer des solutions que je me suis lancée dans l'écriture de ce livre. Je le répète sur plusieurs tribunes depuis plus d'un an: je suis convaincue que la présence accrue des femmes à tous les échelons de l'entreprise est la clé pour composer avec le défi démographique qui se profile à l'horizon.

Selon le scénario médian des démographes de l'Institut de la statistique du Québec, la population québécoise «compterait, en 2056, 1,6 million de personnes de plus qu'en 2006, alors que l'effectif des aînés aura augmenté à lui seul de 1,5 million[8]». Les 65 ans et plus verraient ainsi leur poids démographique passer de 14 % en 2006 à 28 % en 2056[9]. Cette augmentation inexorable du rapport de dépendance n'est rien d'autre que le revers de la médaille du baby-boom et de son effet sur les «trente glorieuses».

Le vieillissement de la population combiné à un départ massif à la retraite des baby-boomers commande donc de mobiliser tout le capital humain et de ne gaspiller aucun talent. En outre, en raison de ces circonstances démographiques, mais aussi des gains soutenus

Les Femmes au secours de l'économie

dans l'espérance de vie, le mythe de «Liberté 55» tire à sa fin. La majorité des travailleurs envisagent maintenant de poursuivre leur carrière au-delà de 60 ans, voire jusqu'à 70 ans. Dans un avenir proche, une vie active s'échelonnera sur près de cinq décennies, comme dans les années 1960, mais celle-ci commencera plus tard, après les études, et se terminera plus tard. Pour les femmes qui décideront d'avoir des enfants, cette période se réduira à environ quarante ans. S'agira-t-il de quatre décennies où elles seront motivées à donner le meilleur d'elles-mêmes? Ou plutôt de quatre décennies frustrantes où, devant les obstacles qui surgiront devant elles, elles renonceront à leurs ambitions professionnelles et emprunteront la voie de service?

Cette situation m'interpelle. Tout le monde connaît ma réputation de rigueur, qui m'a d'ailleurs valu le sobriquet de «madame Sacoche». Peut-on se permettre une telle perte sèche de talent? Ne pas obtenir et utiliser tout le potentiel d'une personne ne peut que ralentir la croissance économique, et donc priver la société d'un vaste réservoir de création de richesse. Sans les transformations qui amélioreront la qualité de vie des femmes au travail et faciliteront leur accès aux postes de commande, trop nombreuses seront celles qui délaisseront leur carrière, diminuant ainsi la productivité totale de l'économie.

Or, des solutions existent bel et bien pour corriger le tir. Je suggère dans le dernier chapitre de cet ouvrage des mesures essentielles afin de permettre aux entreprises de s'adapter à la présence de l'indéniable talent féminin et de parvenir ainsi à la parité tant espérée et promise au sommet de la pyramide. Les progrès initiaux des femmes s'essoufflent, les modèles inspirants demeurent rares et le plafond de verre reste largement intact.

Faut-il imposer une loi pour remédier à la situation? Doit-on établir des quotas comme l'ont fait certains pays, notamment la Norvège, l'Espagne et la France[10]? Ou bien faut-il plutôt compter sur la pression venant de la publicisation des « mauvais » exemples, en classant les organisations selon la place qu'elles font aux femmes au sein de leurs équipes de direction, en publiant ces palmarès et en montrant du doigt les derniers de classe?

Si j'ai entrepris l'écriture de ce livre, c'est aussi parce que, pour un bon nombre de femmes professionnelles, je suis un modèle à imiter et une source d'inspiration. À toutes ces jeunes femmes, j'aimerais transmettre mon expérience et mes conseils. Je voudrais leur dire de ne pas baisser les bras devant les obstacles et de chercher des alliés et des mentors qui les guideront dans leur parcours vers le sommet, comme ce fut le cas pour moi. J'ai d'ailleurs tenu à inclure dans cet ouvrage les témoignages de dix femmes de carrière exceptionnelles. Toutes ces femmes, chacune à sa façon, ont accepté un jour de plonger et de relever le premier grand défi de leur carrière. Elles ont su le faire avec confiance et détermination. J'espère que, tout comme moi, elles sauront vous inspirer.

Mon livre s'adresse également à tous les gestionnaires et à toutes les associations professionnelles qui ont le pouvoir de changer les choses dans les entreprises. J'ai voulu être lucide quant à la série d'obstacles qui demeurent et chirurgicale pour en décortiquer le fonctionnement. Mais j'ai aussi tenu à faire état des meilleures pratiques dans les pays les plus avant-gardistes et dans les entreprises aux méthodes exemplaires, pour qu'ensemble nous puissions trouver des mesures concrètes afin de promouvoir l'accession des femmes aux plus hauts échelons des organisations.

Étant détentrice d'un doctorat en psychologie behaviorale, j'ai longuement réfléchi aux apprentissages que nous faisons dans nos environnements respectifs. Ces apprentissages sont le fruit de notre culture et surtout de notre passé. Par exemple, on a cru pendant longtemps que les femmes n'étaient pas aptes à voter, étant dépourvues du jugement nécessaire pour faire un choix électoral éclairé. Il en a été de même de la perception du travail accompli par les femmes, jugé inférieur à celui des hommes et moins valorisé. Mais les temps changent, et le monde change aussi, pour autant que les leaders qui nous dirigent s'en donnent la peine. L'ancien Premier ministre du Québec, M. Jean Charest, est l'un d'entre eux. Il a fait époque en s'assurant que son Conseil des ministres soit composé à parts égales d'hommes et de femmes. Il a franchi un autre pas décisif en faisant adopter la Loi sur la gouvernance des sociétés d'État en 2006 ; en novembre 2011, la parité a été atteinte dans les conseils d'administration des sociétés d'État[11]. Chaque fois, le Premier ministre a agi avec la conviction que le talent féminin le servirait bien, en quantité égale au talent masculin, et il a eu raison.

La performance des entreprises et la santé économique du Québec reposent désormais sur la diversité des talents et sur la souplesse des plans de carrière. C'est ainsi que nous surmonterons le défi démographique qui nous attend et que nous ferons éclater le plafond de verre qui ralentit la moitié d'entre nous. Mon souhait le plus cher est qu'avec cet ouvrage et ma participation à diverses tribunes – dont la Table des partenaires influents que je copréside depuis janvier 2012 – je puisse contribuer à changer les pratiques des entreprises et à faire évoluer les mentalités en faveur de l'égalité des femmes. Car je demeure convaincue que celles-ci ont le pouvoir d'aider le Québec inc. à conserver et à développer son leadership dans le monde des affaires de demain, et dans le monde tout court.

1

UNE AVANCÉE SUR TOUS LES FRONTS

« La place des femmes est à la maison. » Jeune femme, combien de fois ai-je entendu cette phrase ! Je suis née avant la Révolution tranquille et j'ai été témoin des grandes transformations sociales qui l'ont accompagnée, dont la plus marquante est sans nul doute l'émancipation économique des Québécoises.

ENFIN HORS DU FOYER

J'ai le souvenir d'une époque où l'on se qualifiait volontiers de « femme au foyer » avec un brin de fierté plutôt qu'un moment d'hésitation dans la voix. Le marché du travail, au début des années 1960, était largement et traditionnellement l'affaire des jeunes filles et… des vieilles filles. Après leur mariage, la plupart des femmes abandonnaient le travail pour s'occuper de la maison et de leur progéniture. Les femmes qui travaillaient à l'extérieur du foyer étaient plutôt rares et concentrées dans quelques professions à majorité

féminine telles que l'enseignement et les soins infir-
miers. Malgré cela, beaucoup d'enseignantes devaient
démissionner lorsqu'elles se mariaient, tant la pression était grande pour qu'elles restent au domicile. La
notion de carrière tout comme celle de grand patron
étaient quasi exclusivement masculines. Le fait qu'une
femme mariée ait un emploi influençait directement
la situation de son époux au travail. Par exemple, si
cet homme occupait un poste identique à celui d'un
collègue dont l'épouse ne travaillait pas, ce dernier
conservait assurément son emploi si des mises à pied
survenaient. Dans un grand nombre d'organisations,
les décisions touchant les augmentations, les promotions et les licenciements s'établissaient systématiquement sur la prémisse que le revenu d'emploi d'une
femme mariée constituait le « second revenu » du
ménage.

Figure 2 : Nombre de femmes pour 100 hommes dans la population active au Québec et en Ontario, de 1931 à 1961[12]

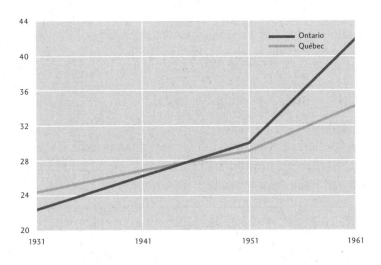

Puis, à partir de la fin des années 1960, les vannes
s'ouvrent et les femmes investissent le marché du tra-

vail comme jamais auparavant. Dans la plupart des pays occidentaux, dont le Canada, le taux d'emploi des femmes va doubler en l'espace d'une génération[13].

Plusieurs facteurs ont été évoqués par les historiens pour expliquer ce grand déblocage. Certains de ces facteurs sont subtils et agissent sur le long terme, précédant la grande invasion féminine du marché du travail de plusieurs décennies. Il y a d'abord eu des changements de mentalité discrets quant à la perception des compétences féminines. Les Québécoises ont ainsi obtenu le droit de vote en 1940 au niveau provincial et elles feront disparaître les derniers vestiges de leur infériorité juridique formelle dans les deux décennies qui suivront. Leur présence sur le marché du travail durant les années de guerre, aussi massive que temporaire, avait préparé les esprits masculins et féminins à considérer leur contribution comme utile et souhaitable. Plus encore, avant même la Révolution tranquille, quelques pionnières avaient tracé la voie vers un avenir possible pour les femmes en devenant avocates*, entrepreneures ou médecins. Pensons à Thérèse Casgrain, une militante de la première heure pour le mouvement du droit de vote des femmes ; à Réjane Colas, qui a défendu elle aussi cette cause et qui occupera finalement un poste de juge à la Cour supérieure ; et à Yvette Rousseau, qui deviendra sénatrice, après avoir soutenu avec fougue les travailleuses de l'industrie du vêtement.

Au-delà de ces avancées symboliques, un autre facteur plus prosaïque a été l'introduction de nouvelles technologies performantes dans l'univers des tâches domestiques. Il peut sembler curieux d'attribuer pareille transformation sociale à l'ensemble laveuse-sécheuse et à l'aspirateur. Néanmoins, ces appareils électroménagers, et tant d'autres aussi, ont peu à peu

---

* En 1941, le gouvernement du Québec a permis aux femmes d'exercer le droit.

diminué considérablement le nombre d'heures que les femmes devaient consacrer chaque semaine à l'entretien ménager et à la préparation des repas, augmentant ainsi leur disponibilité pour le travail rémunéré.

Un autre facteur, agissant également sur le long terme, est la transition graduelle des économies occidentales vers une économie de services, axée sur les activités dites de services, tout au long du XX\ :sup e siècle, notamment dans la seconde moitié. La part des emplois dans la construction et le secteur manufacturier lourd s'est mise à chuter bien avant que l'on entende parler de la concurrence asiatique. Avec la diminution relative des emplois exigeant de la force physique, un autre obstacle majeur à la progression de l'emploi féminin tombait.

Toutefois, le facteur qui allait s'avérer le plus déterminant pour la suite des choses et vraiment permettre le grand déblocage est l'apparition de la pilule contraceptive. Encore aujourd'hui, soixante ans après son invention, c'est le seul produit de l'industrie pharmaceutique à se mériter le vocable de « pilule » dans le langage populaire, au Québec comme en France, sans qu'il soit nécessaire d'en dire plus. En donnant aux femmes le contrôle sur la période de fertilité qui leur avait largement échappé jusque-là, la pilule va transformer l'équation économique de l'emploi féminin. Les femmes vont pouvoir limiter la taille de leur famille et donc la durée de la période pendant laquelle la présence de jeunes enfants représente un obstacle majeur à l'emploi formel. Plus encore, ce moyen de contraception leur donnera le contrôle sur la séquence des événements en leur permettant de retarder le début de la vie familiale, soit le moment de la première maternité, qui se situe désormais à la fin de la vingtaine au Québec[*][14].

---

* En 2010, l'âge moyen à la première maternité était de 28,2 ans.

Les Femmes au secours de l'économie

Dans de telles circonstances, il devenait envisageable pour elles d'investir du temps et des efforts pour acquérir des compétences plus pointues et des diplômes d'études postsecondaires qui mettent du temps à porter fruit. Pour les jeunes femmes du baby-boom, la licence en droit constituait ainsi un bon placement puisqu'elles pouvaient enfin entrevoir la possibilité de faire une véritable carrière d'avocate.

Plus encore, s'amorce au même moment la transition vers l'économie du savoir et les emplois qualifiés du secteur des services qui vont accroître la demande pour les diplômés des deux sexes.

Au Québec comme ailleurs, les femmes ne se priveront pas d'une telle opportunité alors que l'éducation supérieure se démocratise enfin, ayant toutes en mémoire l'époque où les familles retiraient leurs filles des écoles dans l'espoir d'offrir des études avancées aux fils aînés. J'ai moi-même vécu cette situation. Ma mère m'a toujours dit que si elle avait eu un garçon à la place d'une fille, c'est lui qui serait allé à l'université. Pour ma famille, les études universitaires, c'était le privilège des garçons. C'est seulement après mon mariage que j'ai repris mes études et obtenu un doctorat.

L'entrée des femmes à l'université sera fulgurante. Ainsi, en 1976, les femmes étaient minoritaires dans tous les cycles d'études universitaires et les hommes y étaient proportionnellement plus nombreux qu'elles à obtenir un diplôme. Dix ans plus tard, elles avaient déjà atteint la parité en matière de diplomation au premier cycle, et l'écart continue de se creuser depuis, surtout au baccalauréat. Il n'y a qu'au doctorat que les hommes conservent un taux de diplomation supérieur à celui des femmes au Québec[15].

Figure 3 : Taux d'obtention des grades universitaires, au Québec, selon le sexe (en %)[16]

	1976	1986	1991	1996	2006	2007	2008
Baccalauréat	14,9	19	23,6	29,3	31,4	32,1	32,6
Sexe masculin	16,7	18,1	20	23	23,6	25	25,3
Sexe féminin	13,1	19,9	27,3	35,7	39,6	39,5	40,3
Maîtrise	2,7	3,9	4,4	6,1	9,1	9,2	9,6
Sexe masculin	3,5	4,4	4,4	5,8	9,3	8,9	9,3
Sexe féminin	1,9	3,4	4,3	6,3	8,9	9,5	9,9
Doctorat	0,4	0,5	0,6	0,9	1,2	1,3	1,5
Sexe masculin	0,6	0,7	0,9	1,2	1,3	1,4	1,6
Sexe féminin	0,2	0,3	0,4	0,6	1	1,2	1,4

Aujourd'hui, après quelques décennies d'efforts, l'écart négatif entre les hommes et les femmes pour l'obtention du baccalauréat place le Québec en tête du peloton des sociétés industrialisées où la scolarisation universitaire des femmes est la plus avancée, avec le Danemark, les États-Unis, les Pays-Bas, la Suède et le reste du Canada, notamment (figure 4).

Les progrès des femmes en matière de diplomation ne se limitent d'ailleurs pas aux études universitaires, comme en témoigne la figure 5 sur la répartition des sortants du système d'éducation au Québec selon le type du dernier diplôme obtenu entre 1976 et 2008. Toute proportion gardée, les femmes entreprennent en plus grand nombre que les hommes des études postsecondaires. Elles sont également plus nombreuses que ces derniers à terminer leurs études secondaires et, par conséquent, elles sont moins touchées par le décrochage scolaire, qui tend cependant dans les deux cas à s'amenuiser. De plus, elles misent davantage sur une formation technique ou profes-

Les Femmes au secours de l'économie

sionnelle que sur une formation générale, une tendance qui semble toutefois vouloir s'imposer du côté des hommes aussi.

Figure 4 : Population âgée de 25 à 34 ans et de 35 à 44 ans ayant atteint au moins un niveau d'éducation tertiaire, en 2005 (en %)[17]

Pays	25 à 34 ans		35 à 44 ans	
	Femmes	Hommes	Femmes	Hommes
Danemark	36	25	31	23
États-Unis	33	27	31	29
Pays-Bas	35	33	27	30
Suède	33	24	23	17
Canada	32	25	23	24
Québec	33	23	22	22
Espagne	32	22	23	18
Royaume-Uni	28	26	18	22
Finlande	32	21	20	19
Pologne	31	20	19	14
Irlande	29	24	18	20
Hongrie	22	16	19	15
Union européenne	24	20	17	17
France	25	20	14	14
Portugal	24	14	15	10
Luxembourg	23	25	14	20
Grèce	20	15	17	17
Belgique	19	19	12	16
Italie	18	13	13	11
Slovaquie	16	15	11	13
République tchèque	15	14	13	16
Allemagne	15	15	13	18
Autriche	12	11	9	11

Données manquantes : Chypre, Estonie, Lettonie, Lituanie, Malte et Slovénie.
Définition : Le niveau d'éducation tertiaire correspond à l'enseignement supérieur de type A, soit un niveau CITE 5A (enseignement supérieur de 1er et de 2e cycles : licence, maîtrise, baccalauréat universitaire) et CITE 6 (enseignement supérieur de 3e cycle : doctorat).

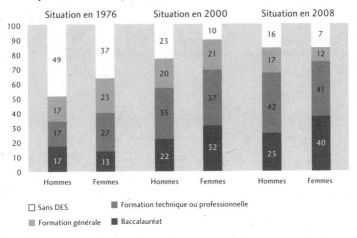

Figure 5 : Répartition des sortants et sortantes du système d'éducation québécois selon le type du dernier diplôme obtenu (en %)[18]

À L'ASSAUT DU MARCHÉ DU TRAVAIL

Par ailleurs, faire des études supérieures améliore les chances de décrocher un emploi. Il y a longtemps que l'on constate que les femmes les plus éduquées sont davantage susceptibles de se retrouver sur le marché du travail, avec ou sans enfants. Ainsi, en 1963, aux États-Unis, 62 % des bachelières avaient un emploi, comparativement à 46 % pour les détentrices d'un diplôme d'études secondaires. Toujours aux États-Unis, les taux correspondants étaient en 2010 respectivement de 80 % et de 67 %[19]. Une des principales différences que l'on peut observer se situe toutefois dans le type de diplôme que les Américaines convoitent. En 1966, 40 % des bachelières sortaient des facultés d'éducation, et seulement 2 % des écoles de gestion. En 2010, ces proportions étaient fort différentes puisqu'elles étaient respectivement de 12 % et 50 %[20]. De fait, à travers l'Occident, sauf dans les domaines de l'informatique et du génie, les diplômes postsecondaires accordés à des femmes sont plus nombreux que ceux accordés à des hommes[21].

Les Femmes au secours de l'économie

Les principaux obstacles à l'emploi ayant été éliminés et leurs qualifications initiales étant meilleures que jamais grâce à leurs succès scolaires, les femmes ont continué de faire des gains en matière d'emploi au cours des trois dernières décennies, et ce, malgré trois récessions (figure 6). Aujourd'hui, comme on peut le constater dans la figure ci-dessous, un mince écart subsiste au Québec entre les hommes et les femmes en ce qui concerne le taux d'emploi.

Figure 6 : Taux d'emploi selon le sexe au Québec, de 1981 à 2009 (en %)[22]

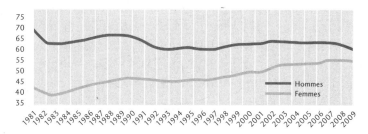

Cette convergence progressive des taux d'emploi s'observe partout dans les pays de l'OCDE, quoique à des rythmes différents. En Suède, l'écart est de moitié moindre qu'au Québec, alors qu'il a presque disparu aux États-Unis, notamment pour les emplois de professionnels. En revanche, l'écart excède 20 % en Italie et au Japon[23].

En outre, cette convergence semble s'accompagner de gains relatifs pour les femmes en matière de sécurité économique. Ainsi, comme le montre la figure 6, au pire de la récession au Canada en 2009, la proportion d'hommes occupant un emploi a connu une baisse plus importante que celle des femmes au Québec. Statistique Canada avait d'ailleurs pu dégager les mêmes tendances lors des deux récessions précédentes (au début des années 1980 et dans les années 1990) : la proportion de femmes occupant un emploi avait diminué beaucoup moins que celle des hommes[24]. Le phénomène est encore plus marquant aux États-Unis, où la dernière récession a été plus sévère qu'au Canada. De janvier 2008 à janvier 2009, le taux de chômage féminin chez nos voisins a en effet grimpé de 4,4 % à 6,6 %, un bond de 50 %. Le taux de chômage masculin, par contre, a grimpé de 5,2 % à 9,1 %, un bond de 75 %[25].

En y regardant de plus près, on constate au Québec une progression remarquable du taux d'emploi chez les 35 à 44 ans, la cohorte la plus susceptible de devoir concilier travail et famille. En 1976, le taux d'emploi féminin dans ce groupe d'âge s'établissait à 42,8 %, soit 7,2 % au-dessous de la moyenne canadienne. Il était de 80,1 % en 2011, soit 2,4 % au-dessus de la moyenne canadienne pour les femmes[26]. Chez les femmes plus jeunes et moyennement scolarisées – c'est-à-dire celles détenant un diplôme d'études post-secondaires –, le rattrapage est chose faite à l'échelle canadienne. En effet, selon Statistique Canada, « 77,2 % des femmes de moins de 25 ans détenant un certificat ou un diplôme postsecondaire non universitaire occupaient un emploi en 2009, comparativement à 73 % des hommes[27] ».

Bien que cela ne soit pas sans effet sur les perspectives d'avancement professionnel, comme je vous le démontrerai plus loin dans cet ouvrage, le fait d'avoir des enfants ne constitue plus un obstacle au travail rémunéré, même si celui-ci est plus fréquemment à temps partiel. Selon Statistique Canada, « en 2009, 72,9 % des femmes ayant des enfants de moins de 16 ans à la maison faisaient partie de la population active » – un taux presque deux fois plus élevé que celui observé en 1976, situé à 39,1 %[28]. Signe que les mères de famille ne sont pas strictement motivées par la nécessité économique. Statistique Canada a établi que 68,9 % des mères de famille monoparentale déte-

Les Femmes au secours de l'économie

naient un emploi en 2009, contre 73,8 % pour leurs homologues de famille biparentale. Une situation qui contraste avec celle observée à la fin des années 1970, époque où « les mères seules étaient plus susceptibles d'occuper un emploi que les mères ayant un conjoint[29] ».

Au-delà de la convergence des taux d'emploi, on observe également une diversification importante des professions en ce qui a trait à la main-d'œuvre féminine. Or, la diversification des champs d'études et des activités professionnelles laisse présager non seulement une victoire sur de vieux stéréotypes, mais aussi des gains additionnels futurs pour les taux d'emploi féminins par rapport aux taux d'emploi masculins. À ce propos, une étude américaine a établi une liste des domaines d'emploi selon la croissance anticipée des postes offerts. Les auteurs de l'étude ont constaté que, parmi les quinze domaines d'emploi pour lesquels on projette la plus forte croissance, treize sont d'ores et déjà majoritairement occupés par des femmes[30].

La diversification des professions et les gains en matière d'emploi des femmes en général et des mères de famille en particulier se sont également accompagnés d'un rattrapage en matière de rémunération. Ce rattrapage a permis notamment d'augmenter la contribution des femmes au revenu familial. À titre d'exemple, aux États-Unis, en 1970, les femmes contribuaient en moyenne pour 2 % à 6 % du revenu familial. Aujourd'hui, celles-ci comblent 42,2 % du revenu familial, un bond de 40 % en quarante ans[31].

2

DES PROGRÈS
QUI S'ESSOUFFLENT

Depuis près d'un demi-siècle, les femmes ont fait des progrès considérables au Québec, comme ailleurs sur la planète. Leur trajectoire laissait d'ailleurs croire qu'elles allaient enfin parvenir aux plus hautes fonctions. Pourtant, comme je vais vous le démontrer dans ce chapitre, les progrès s'essoufflent. Force est de constater que les inégalités persistent entre les hommes et les femmes, à tous les échelons des entreprises, et ce, peu importe le métier ou la profession. Et le sommet reste encore largement inaccessible pour la plupart d'entre elles.

DES OBSERVATEURS CONFONDUS

Plus nombreuses que jamais sur le marché du travail, à quelques foulées à peine de la parité et, pour les plus jeunes d'entre elles, plus scolarisées et moins susceptibles en moyenne d'être touchées par le chômage que les hommes, les femmes ont accompli des gains indéniables en quelque deux décennies à peine. Face à de tels progrès, il n'est donc pas surprenant que de nombreux observateurs dans les années 1980 et 1990 aient pu prédire les tendances suivantes :

– que les écarts de rémunération et les ghettos d'emplois féminins allaient disparaître ;

– que la présence d'un bassin initial de taille comparable parmi les jeunes gestionnaires et professionnels aurait tôt fait de conduire à la parité numérique entre les hommes et les femmes à la tête de la haute direction des organisations, même les plus grandes ;

– que cela vaudrait tout autant pour les femmes de carrière avec ou sans enfants.

Mais, vous le savez comme moi, les choses ne se sont pas produites ainsi, provoquant un certain embarras chez ces observateurs et du ressentiment chez bien des femmes.

DES GHETTOS D'EMPLOI QUI PERSISTENT

Si les femmes occupent désormais un emploi à un taux presque comparable à celui des hommes, elles sont loin d'avoir atteint la parité avec leurs collègues masculins dans tous les domaines d'emploi. Force est d'admettre aussi que la notion d'emplois traditionnels pour les hommes et les femmes n'appartient toujours pas au passé. Certes, je vous le concède – et c'est une bonne nouvelle –, la proportion des femmes évoluant dans des catégories d'emploi traditionnellement et très majoritairement féminines a quelque peu diminué au cours des vingt dernières années[32]. À titre d'exemple, en comparant les données du recensement de 1991 à celles de 2006, l'Institut de la statistique du Québec concluait que la proportion de l'ensemble des femmes qui occupaient un emploi dans l'un des dix groupes professionnels les plus féminisés était passée de 17,6 % à 14,8 % pendant cette période[33]. Ce taux de concentration est légèrement supérieur à celui des hommes dans les catégories les plus masculinisées, où les proportions étaient respectivement de 13,1 % en 1991 et de 13,7 % en 2006[34]. De la même manière, l'écart entre la proportion des femmes dans les dix emplois les plus féminisés et la proportion moyenne des 506 catégories professionnelles recensées atteint 45,3 %. Le même calcul dans le cas des dix emplois les plus masculinisés révèle un écart de 42,6 %[35]. Encore là, le taux est plus élevé pour les femmes, mais à peine.

Par ailleurs, l'effet de concentration a diminué dans le commerce de détail, mais il s'est accru dans la santé et l'éducation. À l'échelle canadienne, les femmes sont toujours minoritaires parmi les professionnels du secteur des sciences naturelles, du génie et des mathématiques, leur proportion ayant atteint 21,9 % en 2011. Elles sont aussi minoritaires dans le secteur primaire, avec une proportion de 18,9 %, et dans celui de la fabrication, où la féminisation a d'ailleurs connu un recul depuis 1987. Enfin, si la proportion a légèrement augmenté ces deux dernières décennies, seulement 6,3 % des travailleurs du secteur des métiers, des transports et de la construction étaient des femmes en 2011[36].

En revanche, et c'est heureux de le constater, les Canadiennes sont davantage représentées qu'auparavant dans les postes de gestion. Leur proportion a grimpé de 30 % à 37 % de 1987 à 2011 – quoique cette progression demeure inférieure à celle des deux décennies précédentes et à celle de la diplomation féminine en administration des affaires pendant la même période. Comme je vous le montrerai en détail plus loin, chez les gestionnaires, les femmes tendent à être davantage représentées aux échelons inférieurs qu'aux échelons supérieurs des entreprises[37].

Un écart salarial injustifiable

Certains lecteurs ne verront pas dans les différences que je viens de leur exposer de quoi s'étonner ou s'inquiéter. En effet, faut-il vraiment se surprendre que, selon le niveau de qualification en cause, les femmes soient plus souvent coiffeuses et les hommes mécaniciens ; plus fréquemment enseignantes et eux informaticiens ; que l'on retrouve plus de femmes parmi les psychologues et plus d'hommes parmi les ingénieurs ? En l'absence de barrières étanches qui, comme auparavant, empêcheraient les femmes d'accéder aux emplois traditionnellement masculins, la présence de catégories d'emploi où l'un des deux sexes domine n'est-il pas le résultat de la libre expression des préférences de chacun ? Ce résultat n'est pas surprenant en soi, et il est tout à fait concevable que l'un des deux sexes dominera encore certaines catégories d'emploi dans cinquante ans. En fait, ce qui m'inquiète surtout dans ce résultat, lorsqu'il est mis en parallèle avec les données sur la rémunération, c'est qu'il révèle des iniquités majeures.

Tout d'abord – et cela n'étonnera personne –, à expérience et formation égales, les salaires dans les secteurs d'emploi à forte prédominance féminine sont considérablement moins élevés que dans ceux à forte prédominance masculine. Toutefois, cela est vrai de haut en bas de la hiérarchie des organisations, dans les emplois très qualifiés comme dans ceux qui le sont moins[38]. Pour un homme, faire le choix d'une carrière dans un domaine d'emploi largement féminisé est la recette pour des revenus inférieurs aux revenus moyens des hommes ayant une formation équivalente et travaillant dans un secteur plus masculin[39]. C'est l'inverse pour les femmes, qui profiteront de meilleurs salaires (mais pas nécessairement de meilleures opportunités d'emploi ou de promotions) si elles font le choix d'évoluer dans des professions largement dominées par des hommes.

En outre, de manière générale, depuis 2000, le salaire hebdomadaire moyen pour les employés à temps plein au Québec est systématiquement plus élevé pour les hommes d'environ 20 %, peu importe la profession considérée. Certes, par rapport à 2000, où l'écart était de 28 %, il s'agit d'une baisse, mais la différence reste tout de même importante[40].

Figure 7 : Écart de salaire hebdomadaire moyen entre les hommes et les femmes (pour un emploi à temps plein) au Québec, de 2000 à 2011 (en %)[41]

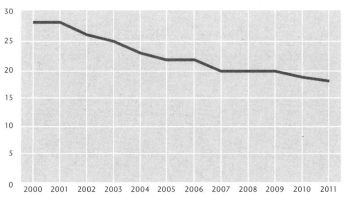

Ensuite, la migration d'un nombre appréciable de femmes dans un domaine d'emploi où elles étaient auparavant minoritaires semble associée à une diminution du prestige de ce domaine aux yeux des futurs travailleurs des deux sexes. Cela semble même entraîner un ralentissement dans la croissance de la rémunération moyenne. Autrement dit, même un mouvement massif des femmes vers des choix de carrière moins traditionnels ne suffirait pas en soi à combler les écarts salariaux, à moins d'atteindre la parité partout. C'est avec l'objectif de contrecarrer les effets de tels phénomènes que le gouvernement du Québec a adopté sa Loi sur l'équité salariale, dont les grands principes se trouvent dans l'encadré ci-dessous. Même s'il reste encore du travail à accomplir en la matière au Québec, je peux dire que des pas de géant ont été faits puisque la question de l'équité salariale en ce qui concerne la fonction publique québécoise a été réglée sous mon mandat comme présidente du Conseil du Trésor.

LES GRANDS PRINCIPES DE L'ÉQUITÉ SALARIALE[42]

La Loi veut éliminer les préjugés sexistes encore bien enracinés dans les pratiques salariales. Dans le calcul du salaire, on ignore encore trop souvent des aspects du travail féminin parce que ceux-ci sont associés à des qualités personnelles dites féminines plutôt qu'à des aspects du travail à faire devant être payés.

La Loi vise la reconnaissance de tous les aspects du travail associés aux femmes. Le travail des femmes doit être payé à sa juste valeur.

La Loi vise à corriger l'injustice causée par la discrimination systémique à l'égard des emplois traditionnellement ou majoritairement féminins. La Loi sur l'équité salariale est une loi proactive, c'est-à-dire qu'elle amène une obligation universelle qui est celle de faire l'équité salariale dans chaque entreprise visée.

Les Femmes au secours de l'économie

Les écarts salariaux entre les hommes et les femmes ne sont pas uniquement attribuables à l'effet des concentrations d'emploi dans des domaines particuliers. Partout dans le monde et dans tous les secteurs d'emploi, du début à la fin des carrières, dans tous les groupes d'âge et à tous les échelons hiérarchiques, on observe de tels écarts. Ainsi, la rémunération hebdomadaire moyenne de l'ensemble des femmes employées au Québec était, en 2011, de 666,21 $, soit 78,2 % de la rémunération moyenne hebdomadaire des hommes[43]. La situation est à peine meilleure pour les travailleurs les plus qualifiés. Si on réduit l'échantillon aux seuls hommes et femmes détenant un diplôme universitaire, la rémunération hebdomadaire moyenne des femmes demeure à 85,2 % de celle des hommes[44].

C'est dans le secteur public, où les femmes gagnent chaque semaine un revenu de 15 % inférieur à celui des hommes, que l'écart est le plus faible. Dans le secteur privé, où les salaires moyens sont plus bas, la différence atteint 29 %[45]. Ce résultat est semblable aux conclusions d'une étude menée en France par la firme IPSOS, qui affirmait également que les écarts dans le secteur privé sont deux fois plus grands que dans le secteur public[46].

Au Québec comme dans l'ensemble du Canada, en 2002, la différence de rémunération annuelle entre les hommes et les femmes de moins de 30 ans oscillait entre 15 % et 16 %. Cet écart est deux fois plus élevé en moyenne qu'en Europe. Au Québec, chez les 30 à 39 ans, il grimpe à 18,5 %, puis à 25,5 % chez les 40 à 49 ans, et enfin à 32 % dans la cohorte des 50 à 59 ans[47]. Bref, l'écart salarial entre les hommes et les femmes ne cesse de se creuser avec le temps.

Des inégalités aux plus hauts échelons

Pour expliquer de tels écarts, on pourrait avancer l'hypothèse que les femmes consacrent moins d'heures par année au travail rémunéré que les hommes. Pourtant, les inégalités persistent en ce qui concerne le salaire horaire entre les deux sexes. Une autre hypothèse résiderait dans le fait qu'hommes et femmes ne partagent pas les mêmes aspirations professionnelles : les hommes accorderaient en effet plus d'importance à leur carrière et à leur rémunération que les femmes, un héritage des rôles traditionnels que les changements d'attitude et de mentalité des dernières décennies n'auraient pas entièrement effacé. À mon avis, une telle hypothèse n'est pas valable non plus, et je vais en faire la preuve en prenant pour exemple les détenteurs de MBA (sigle de l'appellation anglaise *Master of Business Administration*). Car s'il existe un groupe où de tels facteurs ne jouent pas, c'est bien celui des détenteurs du MBA, le diplôme le plus exigeant et le plus prestigieux de tous ceux qui se préparent à une carrière dans le monde des affaires. Que l'on soit un homme ou une femme, le MBA n'attire personne qui soit ambivalent quant à l'importance de réussir sa carrière et de se hisser au sommet.

Or, une vaste enquête menée auprès de plus de 4 000 personnes dans le monde ayant obtenu, entre 1996 et 2007, un MBA de l'une des vingt-six plus prestigieuses écoles de commerce de la planète, révèle que les écarts de rémunération et les retards de promotion persistent dans ce groupe de diplômés où hommes et femmes ont des ambitions semblables et très élevées. La conclusion de l'enquête est formelle : en moyenne, le premier poste obtenu par les hommes après l'obtention de leur MBA se situe plus haut dans la hiérarchie que celui obtenu par les femmes. La conclusion reste inchangée après avoir pris en compte une multitude d'autres variables, dont le continent d'appartenance, le type d'industrie ou les années d'expérience. L'avantage masculin pour le premier emploi demeure même si l'on compare entre eux les hommes et les femmes qui n'ont pas d'enfants, par exemple[48]. Hommes et femmes débutent leur carrière au bas de l'échelle, mais les hommes ont quelques échelons d'avance.

Figure 8 : Niveau hiérarchique au premier emploi pour les détenteurs de MBA, hommes et femmes (en %)[49]

	Hommes	Femmes
Premier échelon, sans responsabilité de gestion	46	60
Gestionnaire de première ligne, ou équivalent pour les professionnels	34	30
Gestionnaire de niveau intermédiaire, ou équivalent pour les professionnels	13	8
PDG ou membre de l'équipe de direction	6	2

Ces quelques échelons ont une valeur en espèces sonnantes et trébuchantes. L'enquête montre d'ailleurs que le salaire initial des hommes lors du premier emploi suivant l'obtention de leur MBA est supérieur à celui de leurs homologues féminines, même après avoir pris en compte des variables comme le nombre d'années d'expérience avant et après l'obtention du MBA ainsi que le niveau hiérarchique de l'emploi. En moyenne, les femmes sorties des meilleurs programmes de MBA gagnaient 4 600 $ de moins en 2008 que leurs collègues masculins dès leur premier emploi[50].

Les choses ne s'améliorent pas par la suite. En s'attardant aux répondants ayant gradué dix ans auparavant, les auteurs de l'étude constatent que la croissance de la rémunération des hommes est plus rapide que celle des femmes, et ce, sans égard aux différences dans les salaires de départ. Le rythme des promotions est comparable dans le cas des femmes et des hommes ayant débuté au milieu de la pyramide ou au sommet, mais les promotions viennent plus vite pour les hommes que pour les femmes si les deux commencent au bas de l'échelle ou comme gestionnaires de première ligne. La conclusion demeure la même en comparant des hommes et des femmes ayant reçu leur diplôme la même année et affichant un même nombre d'années d'expérience[51].

Les retards de promotion et les écarts de rémunération ne sont pas uniquement deux dimensions distinctes d'un même traitement inéquitable, mais s'influencent l'un et l'autre. Les femmes recevant une rémunération plus faible que les hommes en dépit d'un rythme d'ascension équivalent en début de carrière se trouvent pénalisées par la suite en matière de promotion. Une règle implicite des systèmes de promotion veut en effet que personne ne puisse faire des bonds salariaux exceptionnels en raison d'un avancement. Ainsi, en ayant accumulé un retard de compensation significatif après dix ou quinze ans de carrière dans la même organisation, les femmes sont désavantagées vis-à-vis de leurs collègues masculins pour toute promotion future, puisque ces derniers feront un bond salarial moins spectaculaire en acceptant la promotion[52].

Comme cette étude américaine sur les diplômés du MBA vient de nous le démontrer, la pente de la pyramide est encore plus abrupte pour les femmes que pour les hommes qui cheminent vers le bureau du grand patron. Les femmes tirent de l'arrière dans la course dès la ligne de départ, et leur désavantage relatif croît à mesure qu'elles gravissent les échelons. Le résultat est aussi prévisible que décourageant : le

Les Femmes au secours de l'économie

bassin de candidates aux postes de direction devient si restreint à l'approche du sommet que ce sont forcément les candidats masculins qui touchent le gros lot.

Alors que les femmes occupent le tiers des emplois de gestion aux États-Unis, plus de 70 % des 1 500 plus grandes entreprises américaines ne comptent aucune femme dans l'équipe de direction[53]. Ailleurs dans le monde, c'est le même constat, en dépit des variations quant aux attitudes et au taux de diplomation des femmes.

SEULES... AU SOMMET

Compte tenu du rôle essentiel joué par les conseils d'administration dans la gestion des entreprises, il importe, selon moi, de faire le point sur la composition de ces derniers. Car c'est souvent à un comité du conseil d'administration que revient la décision d'approuver le choix de nouveaux membres de l'équipe de direction.

Le premier constat qui s'impose est la faible représentativité des femmes au sein des conseils d'administration, une réalité que l'on peut observer un peu partout à l'échelle de la planète. Au Canada, si le pourcentage des femmes siégeant à des conseils d'administration est deux fois plus important que celui des femmes à la tête des entreprises (6 % seulement[54]), il est cependant moins reluisant qu'à certains endroits dans le monde. Comme le montre la figure 9, le Québec, en ce qui concerne la place des femmes au sein des conseils d'administration, se compare au reste du Canada (10,3 %) et même à la France (12,7 %). Par contre, les pays scandinaves, les États-Unis et l'Afrique du Sud se classent en tête du peloton et devancent le Québec. Des pays industrialisés tels que l'Espagne et l'Australie tirent de l'arrière et affichent un très faible taux de présence féminine.

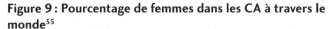

Figure 9 : Pourcentage de femmes dans les CA à travers le monde[55]

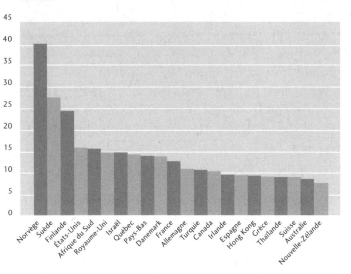

Au Québec, le Conseil du statut de la femme a mené une vaste enquête auprès des 100 plus grandes entreprises commerciales afin d'examiner la composition des conseils d'administration et de proposer des recommandations à cet effet. Selon cette enquête, les femmes occupaient 15,8 % des sièges des conseils d'administration de ces entreprises en 2008. En outre, 28 % des 100 entreprises étudiées étaient administrées par des hommes seulement[56]. L'enquête fait aussi ressortir de grandes disparités sectorielles : si les femmes sont plutôt bien représentées dans le secteur des soins de santé et des services sociaux, elles sont carrément absentes dans le secteur de l'immobilier ainsi que dans celui des arts, des spectacles et des loisirs (figure 10)[57].

Les Femmes au secours de l'économie

Figure 10 : Pourcentage de femmes dans les CA des grandes entreprises québécoises, par secteur, en 2008[58]

Soins de santé et services sociaux	33,3
Fabrication : aliments, boisson, vêtements, chaussures	21,7
Finances et assurances	21,1
Industrie de l'information et culturelle	20
Services professionnels, scientifiques et techniques	17,1
Commerce de détail	16
Transport et entreposage	15,7
Services d'utilité publique	15,4
Hébergement et services de restauration	14,3
Commerce de gros	13,3
Agriculture, foresterie, pêche et chasse	13,3
Fabrication : produits métalliques et meubles	9,5
Services administratifs, de soutien, de gestion	8,7
Construction	8,1
Fabrication : produits issus des ressources naturelles	7,7
Gestion de sociétés et d'entreprises	5,9
Extraction minière, pétrolière et gazière	5,7
Services immobiliers et de location	0
Arts, spectacles, loisirs	0
Moyenne pondérée	**15,8**

Toutes ces données montrent donc que la progression est non seulement lente, mais inégale au Québec comme ailleurs dans le monde. La firme de recherche de cadres Spencer Stuart a observé le même phénomène dans les conseils d'administration des plus grandes sociétés par actions canadiennes. Entre 1998 et 2003, le pourcentage de femmes siégeant comme administratrices est passé de 9 % à 12 %. Elle a ensuite remarqué un ralentissement de cette croissance, le pourcentage « stagnant autour de 12 % ou 13 % de 2003 à 2007[59] ». La firme corrobore par ailleurs une tendance qu'elle note depuis plusieurs années : les conseils d'administration des plus grandes entreprises de son échantillon, dont les revenus sont supérieurs à 5 milliards de dollars, accueillent plus de femmes

(16 %) que ceux des entreprises affichant des revenus de 1 à 5 milliards de dollars, qui comptent pour leur part 12 % de femmes[60].

Enfin, une autre étude réalisée par le groupe de recherche Catalyst sur les 500 entreprises classées au palmarès du *Financial Post* atteste de la faible représentativité des femmes au sein des conseils d'administration. Les statistiques sont éloquentes : en 2009, 42 % de ces entreprises ne comptaient aucune femme siégeant à leurs conseils d'administration, 32 % d'entre elles avaient deux femmes ou plus et 26 %, une femme[61].

Si les résultats sont donc décevants en toutes circonstances en ce qui concerne la représentation des femmes dans les conseils d'administration des entreprises, il n'en demeure pas moins que des pressions externes et internes pour plus de parité se font sentir. Non seulement les plus grandes entreprises enregistrent, comme nous venons de le voir, des progrès en matière de proportion des femmes au sein de leurs conseils d'administration, mais c'est aussi le cas pour les sociétés d'État. Le Québec donne déjà l'exemple en la matière. Grâce à sa Loi sur la gouvernance des sociétés d'État, le gouvernement du Québec est arrivé récemment à la parité entre les sexes dans l'ensemble de ses vingt-deux sociétés d'État[62].

Quant aux pressions internes, elles viennent surtout du bassin de gestionnaires situés en amont de la pyramide. Mais beaucoup de chemin reste à parcourir en ce qui concerne la représentation des femmes dans les équipes de direction. Les auteurs américains de l'étude *Holding Women Back. Troubling Discoveries – And Best Practices for Helping Female Leaders Succeed* ont analysé le lien entre la proportion des femmes à mesure que l'on s'approche du conseil de direction et leur présence dans l'industrie en cause. Ils concluent que les hommes ont plus de chances d'occuper la majorité des postes de direction dans toutes les situations, y compris dans les secteurs d'activité (comme la santé) où les femmes détiennent 80 % des postes de gestionnaires de première ligne. Cependant, plus les femmes gestionnaires œuvrent dans des domaines où leur présence est marginale (moins de 20 %) ou minoritaire (entre 20 % et 40 %) aux premiers échelons, plus le bassin de femmes rétrécit rapidement en direction du sommet[63].

LE TALENT GASPILLÉ

Comme en atteste le bilan qui précède, les progrès accomplis par les femmes depuis quelques décennies s'essoufflent. Malgré leur entrée massive à l'université et sur le marché du travail, celles-ci ne reçoivent toujours pas un traitement salarial égal à celui des hommes pour un travail comparable et elles continuent d'être sous-représentées au sein des conseils d'administration et des équipes de direction. De manière incontestable, les femmes se heurtent à un plafond de verre.

Il est vrai qu'une équipe de direction ou qu'un conseil d'administration entièrement masculins peuvent s'acquitter tout aussi efficacement de leurs responsabilités qu'une équipe composée à parts à peu près égales d'hommes et de femmes. Cependant, il est tout de même permis de penser que la diversité des genres au sommet constitue en général un avantage compétitif mesurable pour les organisations.

Car, selon moi, il y a un coût réel à voir tant de femmes de talent « décrocher » d'un parcours ambitieux dès lors qu'elles acquièrent la conviction qu'elles ne pourront pas parvenir au sommet. S'il devient clair que votre carrière se dirige vers un cul-de-sac ou une voie d'évitement (le plafond de verre), ou encore que les seules promotions à votre portée constituent des missions impossibles que vos homologues masculins ont tôt fait de refuser (la falaise de verre), vous n'avez plus que trois options :

1. quitter l'organisation pour lancer votre propre entreprise (un choix de plus en plus populaire parmi les femmes gestionnaires[64]) ;

2. découvrir qu'il y a autre chose dans la vie que le travail et décider de consacrer votre temps à votre famille et à vos amis plutôt qu'à votre carrière ;

3. ajuster votre niveau d'effort et d'investissement à celui des opportunités réelles d'avancement que vous offre votre employeur, et en faire juste assez pour garder votre poste.

Je peux très bien imaginer que de tels choix puissent bénéficier à la société en général, et contribuer à augmenter l'indice de bonheur national brut. Mais il est surtout clair pour moi que les organisations voient leur investissement dans leur propre capital humain féminin se déprécier avec chacun de ces trois choix. Derrière de telles réalités se cachent de vastes quantités de talent gaspillé. Au Québec, les réalités démographiques que nous avons évoquées précédemment sont sur le point de changer. La génération issue du baby-boom se dirige vers la retraite et les nouveaux travailleurs viendront à manquer pour les remplacer. Identifier les obstacles à la pleine exploitation du talent féminin et s'en départir est désormais une question de survie pour toutes les organisations.

3

LA PYRAMIDE DE VERRE

Le chemin qui mène au bureau du grand patron ressemble à une course à obstacles pour tout professionnel, peu importe le sexe. Mais celle-ci est en définitive plus ardue et plus périlleuse pour les femmes. Il fut un temps pas si lointain où les femmes étaient catégoriquement exclues de certains bureaux d'avocats. J'ai d'ailleurs connu un actionnaire principal qui s'en vantait. Il y a vingt-cinq ans à peine, dans de grandes sociétés de la finance new-yorkaises, des hommes refusaient ouvertement de travailler avec des femmes. Mais la question se pose toujours : pourquoi partent-elles ? Quelles sont les difficultés qui les incitent à abandonner en grand nombre la course vers le sommet ?

Si l'on admet d'emblée que le plafond de verre ne tire plus son origine de l'existence d'un sexisme primaire outrancier qui n'a plus cours au Québec depuis longtemps, on peut en déduire que les entraves à la progression des femmes sont de nature plus subtile. À mon avis, le problème ne réside pas tant dans la résurgence d'attitudes méprisantes que dans la préservation d'habitudes pénalisantes.

Une première catégorie d'obstacles est de nature culturelle et concerne les préjugés et les stéréotypes de même que les perceptions rattachées au leadership et à l'ambition. L'autre catégorie d'obstacles, de nature institutionnelle, s'avère à mon avis plus contraignante encore que la précédente. Beaucoup d'organisations ont en effet hérité d'un modèle de développement des carrières et de sélection des talents conçu par et pour les hommes, à une époque où les femmes étaient minoritaires sur le marché du travail et moins scolarisées qu'aujourd'hui. Ce modèle met l'accent sur une progression de carrière linéaire et continue, en plus de miser sur l'importance des réseaux informels où les femmes sont encore désavantagées.

DES PRÉJUGÉS TENACES

Quand on évoque les préjugés et les stéréotypes à l'égard des hommes et des femmes, le risque est toujours grand de verser dans les clichés ou de transformer son propos en un quelconque procès d'un patriarcat sournois. Ce n'est pas mon style, et encore moins mon objectif. En revanche, j'aime à penser qu'on peut analyser les conséquences de quelques idées reçues ou de réflexes courants sans les insérer dans une théorie de la conspiration. Ou encore, il ne faut pas tomber dans le piège des généralités dont l'utilité s'évapore au contact des réalités propres à chaque milieu de travail.

Puisque je me penche sur le cheminement de carrière qui mène aux postes de direction, je limiterai mon analyse aux aspects psychologiques de l'ambition, de la concurrence et du leadership.

Une vaste enquête menée auprès de centaines de jeunes gestionnaires aux États-Unis en 2004 révélait qu'une majorité d'hommes et de femmes aspiraient aux postes de direction[65]. À peu de choses près, la plupart de ces femmes partageaient la même aspiration, qu'elles aient ou non des enfants[66]. Étonnamment, ce n'était pas le cas des hommes, qui, eux, étaient deux fois plus nombreux à vouloir accéder à un poste de direction lorsqu'ils avaient des enfants[67]. Mais, fait paradoxal, les dirigeants se tournaient plus volontiers vers les gestionnaires sans responsabilités familiales pour les affectations les plus susceptibles de conduire vers le sommet telles que les postes de direction d'une grande équipe ou les mandats à l'étranger[68].

Que les jeunes gestionnaires aient des ambitions comparables sans égard au sexe ou à leur situation familiale est une chose, mais que les dirigeants n'en semblent pas conscients en est une autre. Une enquête réalisée en 1992 auprès de 201 PDG de grandes entreprises américaines indiquait que seuls 2 % d'entre eux « estimaient probable que leur firme soit dirigée par une femme au cours de la décennie qui vient[69] ». Si l'on en juge par ce qui s'est produit au cours des deux décennies suivantes, voilà une prédiction d'une grande justesse !

Avouons-le : il n'est pas rare de voir des dirigeants ou des gestionnaires, majoritairement masculins, renoncer à accorder une promotion à une femme, en dépit de ses talents. Ils présument que cette dernière aura de la difficulté à concilier ses nouvelles responsabilités avec sa vie familiale. Tôt ou tard, son manque de disponibilité jouera forcément contre elle et nuira à son travail. S'il s'agit d'une candidate venant de l'extérieur de l'entreprise, peu connue du gestionnaire en question et encore en âge de procréer, il est possible que celui-ci s'appuie sur l'hypothèse qu'elle voudra avoir des enfants. Il ne prendra même pas la peine d'en vérifier l'exactitude pour écarter sa candidature. Toute femme en âge d'enfanter devient donc une mère potentielle, et toute mère doit être tenue loin des affectations les plus exigeantes « pour son bien ».

D'autres dirigeants ou gestionnaires, toujours animés des plus nobles intentions, croient qu'il est plus ardu pour les femmes de s'imposer face à des collègues masculins si elles sont en forte minorité. Des promotions leur sont alors refusées afin de les protéger de cette expérience difficile, du moins en attendant le jour où un plus grand nombre d'entre elles seront promues aux postes de direction. Évidemment, ce jour sera d'autant plus lointain qu'une telle attitude discriminatoire prévaudra.

D'ailleurs, à ce propos, les femmes sont souvent plus perspicaces que les hommes quant au maintien de formes subtiles de discrimination. Et cette perspicacité colore forcément leur perception des progrès accomplis par leur sexe. Ainsi, 41 % des gestionnaires masculins interrogés aux États-Unis lors d'une enquête réalisée en 2004 étaient d'avis que des améliorations notables avaient été enregistrées en ce qui concerne l'avancement des femmes au cours des cinq années précédentes. Seules 30 % des femmes partageaient le même avis[70].

Une conception masculine du leadership

Nombre d'études révèlent qu'hommes et femmes ont une conception similaire des attributs psychologiques nécessaires à un bon leader pour réussir. Or, il appert que ces attributs sont encore reconnus comme étant typiquement masculins, et ce, même si les femmes ne sont plus éduquées de nos jours à la retenue et à la timidité.

Un bon leader est en effet doté d'une forte personnalité. Devant l'adversité, il n'hésitera pas à « mettre son poing sur la table », d'autant qu'il peut compter sur une présence physique intimidante*. Un bon leader est quelqu'un de décidé, orienté vers l'action, et capable de prendre une décision rapidement en l'absence de consensus ou de données complètes dans un dossier. Enfin, il connaît les membres de son équipe comme le fond de sa poche, car il a pu fraterniser avec eux dans un contexte informel à plusieurs reprises.

À mon avis, une femme qui décide de jouer le jeu et d'adopter un style de leadership masculin devra composer avec des désavantages évidents. Par exemple, en l'absence de preuves contraires, on présumera d'emblée qu'un gestionnaire masculin détient tous ces attributs. À l'inverse, si le gestionnaire est une femme, on supposera qu'elle a dû travailler très fort pour les acquérir, au mépris de sa féminité.

De cette conception masculine du leadership découlent un certain nombre de corollaires, encore défavorables aux femmes.

Des comportements altruistes, même rares, ajouteront à la bonne réputation d'un gestionnaire masculin, alors qu'ils seront tenus pour acquis dans le cas de leurs collègues féminines. Des comportements plus égoïstes, par ailleurs, seront perçus comme un signe d'ambition chez les hommes, et comme un manque de loyauté chez les femmes. Le respect et la déférence envers l'autorité deviennent chez les hommes une marque de leur volonté de jouer en équipe. Chez les femmes, surtout si leur présence numérique est restreinte dans les postes de direction, il s'agit d'un signe de faiblesse.

Une femme, surtout si elle adopte un style de gestion plus féminin – je reviendrai sur cette question

---

* Aucun rapport avec les compétences, certes, mais il se trouve que le citoyen moyen concède souvent plusieurs centimètres au leader moyen. Voir l'article « Feet, dollars and inches: The intriguing relationship between height and income », *The Economist*, 3 avril 2008.

plus loin –, risque donc de se heurter aux réflexes propres à la culture organisationnelle d'un grand nombre d'entreprises contemporaines encore axées sur un leadership résolument masculin. À titre d'exemple, le témoignage d'une policière britannique, qui a côtoyé des dirigeants des deux sexes et qui est citée dans un ouvrage publié par la Harvard Business School Press, montre à quel point il est encore difficile de nos jours de concevoir un style de leadership autre que masculin :

« Les hommes qui ont identifié un problème s'y attaquent immédiatement et composent avec les effets pervers et les conséquences imprévues de leur décision initiale par la suite ; alors que les femmes préfèrent examiner la question sous tous ses angles avant de décider. Au bout du compte, on arrive au même résultat dans le même intervalle. Cependant, la majorité des hommes en position subalterne ne sont pas à l'aise avec cette deuxième approche où, pendant un bon moment, un problème est signalé mais rien ne semble se passer[71]. »

Lorsque j'étais présidente du Conseil du Trésor, j'ai moi-même été témoin de l'empressement qu'ont les hommes à vouloir commencer des travaux d'infrastructure bien avant que les plans soient terminés. C'est ce que j'ai appelé le « syndrome de la pépine ». Cette expression m'a valu une broche dorée que Jean-René Dufort, alias Infoman, m'a offerte. Je la porte encore fièrement aujourd'hui. En somme, c'est comme si le travail physique et visible devenait la préoccupation principale des hommes.

Rien d'étonnant à ce que les femmes aient vite compris l'importance d'adapter leur style de gestion aux perceptions masculines, une considération qui effleure rarement l'esprit de leurs homologues masculins. À ce sujet, une enquête menée par Catalyst, citée dans le *Harvard Business Review*, révélait que 96 % des gestionnaires féminines estimaient que « de développer un style de gestion avec lequel les gestionnaires masculins sont à l'aise» était pour elles d'une importance «élevée» ou «critique»[72].

Certains auteurs avancent l'hypothèse que les impératifs propres à ce jeu d'équilibriste, où la gestionnaire doit faire cohabiter une image de soi féminine et un style de gestion masculin, finissent par emprisonner plusieurs femmes dans une réputation mi-figue mi-raisin les empêchant de se démarquer de la concurrence, étape préalable et essentielle pour se faire remarquer de ses supérieurs. Je suis plutôt encline à donner raison à ces auteurs, en espérant toutefois que cette situation disparaîtra rapidement.

La culture du *Boys Club*

Même les plus ardents défenseurs de la méritocratie sans compromis admettent volontiers qu'il y a une part de sagesse dans l'adage qui veut que «ceux que tu connais sont aussi importants que ce que tu connais». Le contexte professionnel formel donne l'occasion aux gestionnaires de socialiser avec leurs pairs et de faire la preuve de leurs compétences. Le contexte informel, pour sa part, leur permet de tisser des alliances et des liens de confiance avec des dirigeants qui auront un jour une influence sur leurs perspectives d'avancement, et d'y faire parfois la connaissance d'un mentor. Toutefois, dans bien des organisations, les femmes se retrouvent encore plus désavantagées à ce jeu que dans un cadre formel.

Plus ou moins consciemment, puisque les femmes demeurent rares à la haute direction, les activités informelles visant à cimenter l'esprit d'équipe chez les gestionnaires semblent conçues sur mesure pour plaire aux hommes et… décourager les femmes. Chez Walmart par exemple, on explique aux femmes parmi les gestionnaires de niveau intermédiaire que des activités de chasse et de pêche seront fréquentes, et qu'elles seraient bien avisées de développer un intérêt pour ces loisirs si elles souhaitent obtenir des promotions[73]. Chez Enron, de triste mémoire, de crainte qu'il y ait des femmes passionnées pour la chasse, la direction préférait organiser des courses de voitures et de motos tout-terrain, afin d'être certaine de n'en voir aucune y participer[74].

J'ai d'ailleurs une anecdote fort révélatrice à ce sujet. Un gestionnaire de haut niveau qui devait évaluer un candidat potentiel lui a proposé une semaine de marche et d'escalade en Suisse. Il souhaitait valider ses qualités personnelles et sa capacité à relever des défis. Peut-on un instant imaginer une telle démarche si le candidat avait été une femme ?

Même quand ces activités sont moins typiquement masculines, comme des tournois de golf ou des retraites dans des lieux de villégiature, les quelques rares femmes qui y sont invitées ont bien du mal à ne pas être perçues et à ne pas se sentir comme n'étant pas à leur place. D'expliquer une gestionnaire dans une grande entreprise : « J'ai le souvenir d'une décision importante prise par mes collègues masculins à la suite d'un tournoi de golf où j'étais absente. Et aussi de la fois où tous mes collègues sont entrés dans les toilettes avant d'en ressortir pour m'informer qu'ils étaient parvenus à une entente en mon absence. Je veux bien faire mon bout de chemin et faire semblant d'apprécier le golf, mais je ne vais tout de même pas enfoncer la porte de la toilette des hommes ! »

Ces situations ne sont évidemment pas l'apanage de toutes les entreprises, et plusieurs d'entre elles s'efforcent d'adapter la nature des activités informelles aux champs d'intérêt et aux contraintes d'horaire des femmes. Il n'en demeure pas moins que, exception faite de la génération des 25 à 40 ans, les filles ont rarement été éduquées à comprendre les codes propres à de tels réseaux informels, souvent appelés « *Boys Clubs* », en référence au fait qu'ils sont presque exclusivement réservés aux hommes. Jusqu'à tout récemment, les sports d'équipe où l'on apprend à respecter des règles, à connaître son rôle, à développer un esprit de compétition, à faire front commun et à se mesurer à un adversaire faisaient partie de l'enfance de tous les garçons. À l'inverse, les filles étaient presque toujours dirigées vers des sports individuels (le ballet, la natation, etc.) ou des loisirs dénués d'aspects compétitifs (travaux de couture, piano, etc.). Heureusement, ce cantonnement dans des activités exclusivement féminines est terminé. Les filles jouent maintenant au hockey ou à d'autres sports qui font appel à l'esprit d'équipe.

Conscientes de ce phénomène, bien des femmes de carrière tentent de combler leurs lacunes en s'investissant davantage dans des stratégies de réseautage informel, ce qui est en soi une bonne chose. Les hommes y accordent moins d'importance, non par manque d'intérêt, mais bien parce que cela leur apparaît moins essentiel puisqu'ils ne sont pas cantonnés d'avance au rôle de « *l'outsider* » comme le sont les femmes. Par conséquent, comme je vous le démontrerai plus loin dans ce chapitre, il leur est plus aisé de s'investir dans des affectations qui auront pour effet d'enrichir leur expérience internationale ou de développer davantage leurs compétences en gestion. Or, il se trouve que cette stratégie finit par être plus payante à mesure que l'on s'approche du sommet de l'organisation.

DES AFFECTATIONS ET DES PROMOTIONS... INACCESSIBLES

S'il est vrai que la course vers le sommet est un labyrinthe rempli d'obstacles et de culs-de-sac, certains parcours sont plus favorables que d'autres, et les femmes y sont rarement dirigées.

Ainsi, en milieu de carrière, quand vient le temps d'évaluer le potentiel d'un gestionnaire pour les plus hautes fonctions, on fera le bilan des expériences acquises au gré des affectations et des promotions. Mais celles-ci n'ont pas toutes la même valeur. À titre d'exemple, les affectations où l'on dirige une équipe, même petite, valent plus que celles où l'on assiste le dirigeant d'une équipe, fût-elle plus grande. Les affectations à l'étranger valent plus qu'un séjour au siège social de l'entreprise, et les postes aux finances et aux opérations comptent plus que ceux aux ressources humaines. Dans chacun des cas énoncés, les femmes obtiennent moins d'affectations que les hommes[75].

À ce propos, les psychologues Karen Lyness et Donna Thompson, qui ont mené une enquête auprès d'hommes et de femmes gestionnaires de même niveau hiérarchique (intermédiaire à supérieur) au sein d'une multinationale financière, sont arrivées aux conclusions suivantes:

- les femmes sont rarement chargées d'une «mission» internationale;
- elles dirigent moins souvent des employés que les hommes;
- le niveau d'ancienneté dans l'organisation et pour un poste donné affecte de façon négative le progrès des femmes, ce qui suggère qu'il est préférable pour celles-ci d'avoir du succès tôt dans leur carrière[76].

Si l'on en juge par les résultats de cette étude, l'avancement des femmes semble donc compromis à la suite de l'effet combiné de plusieurs facteurs. Selon moi, la volonté de bien des femmes, en début de carrière, d'investir davantage d'efforts dans le réseautage formel et informel finit par jouer contre elles. Elles laissent le champ libre aux hommes dans la course vers le sommet. De plus, les affectations les plus «payantes» sur le long terme, loin du siège social et à la direction d'une équipe relativement autonome du reste de l'organisation, sont précisément celles où les femmes se trouvent en minorité. Elles n'ont pas non plus l'appui quotidien de leurs collègues hommes et femmes avec qui elles sont familières. Plus encore, dans les grandes organisations, ces affectations ont tendance à être plutôt brèves, favorisant un style de gestion masculin axé sur l'action et les résultats visibles à l'égard d'un petit nombre de dimensions.

Dans plusieurs enquêtes, les femmes sont plus nombreuses que les hommes parmi les cadres intermédiaires à mentionner l'absence d'affectations prestigieuses et exigeantes parmi les obstacles à l'avancement de leur carrière. Elles sont également plus nombreuses que les hommes à déplorer le manque d'opportunités qui leur permettraient de se mettre en valeur[77].

Tout indique que les femmes, en particulier au sein des organisations où elles sont minoritaires dans les rangs intermédiaires, doivent consacrer plus de temps et d'efforts pour se démarquer et assimiler la culture organisationnelle et la dynamique des réseaux informels que leurs collègues masculins. Par conséquent, ces derniers sont davantage disponibles et plus vite remarqués lorsque des affectations prestigieuses sont proposées par la direction de l'entreprise.

Dans les grandes organisations, les femmes apprennent dès le début de la trentaine qu'elles ne figurent même pas sur l'écran radar visant à repérer les meilleurs talents parmi la relève. En effet, plusieurs entreprises se sont dotées de programmes plus ou moins formels d'identification de talents exceptionnels. Appelés « *fast track* », ces programmes pour jeunes gestionnaires à fort potentiel s'intéressent exclusivement aux employés de 28 à 35 ans. Mais comme le dit le vieux dicton, les absents ont toujours tort. La période allant de 28 à 35 ans est justement celle où les femmes sont les plus susceptibles de s'absenter du marché du travail ou de chercher à réduire leur semaine de travail. Il est très rare que de tels programmes soient ajustés afin de tenir compte des impératifs familiaux.

Ainsi, à l'aube de la quarantaine, quand vient le temps de montrer une feuille de route faisant état d'un parcours jalonné d'affectations et de promotions prestigieuses, les femmes constatent souvent que leur curriculum vitæ comporte des carences pénalisantes.

Ces propos ne devraient pas laisser au lecteur l'impression que le manque d'opportunités pour les femmes de se démarquer est uniquement attribuable aux conséquences d'une mauvaise stratégie de leur part. Comme je viens de le montrer, les dirigeants qui sont en position d'offrir des affectations prestigieuses agissent encore sur la base de prémisses sans fondement et d'attitudes discriminatoires qui n'ont plus lieu d'être. Malgré le fait que de nombreuses entreprises du secteur public et du secteur privé se soient dotées de « voies royales » vers la haute direction destinées aux gestionnaires d'exception, les femmes n'y accèdent toujours pas en grand nombre. Voilà d'ailleurs la troisième raison la plus fréquemment citée par les femmes gestionnaires au Canada pour expliquer leur départ d'une organisation[78].

4

DES OBSTACLES DE PLUS POUR LES FEMMES

La réalité des femmes est différente de celle des hommes. C'est un fait incontournable. Environ quatre femmes québécoises sur cinq enfanteront un jour[79]. Selon le nombre d'enfants qu'elles auront, elles devront s'absenter temporairement du marché du travail à une ou plusieurs reprises au cours de leur carrière. Pendant quelques années, elles devront aussi tenter de concilier leurs obligations professionnelles avec leurs obligations familiales. En dépit des changements d'attitude qui semblent vouloir s'établir avec l'arrivée d'une nouvelle génération de pères, le défi de la conciliation travail-famille ainsi que les absences, répétées ou non, du marché du travail touchent davantage les femmes que les hommes.

LE DIFFICILE ÉQUILIBRE TRAVAIL-FAMILLE

Pour les femmes ayant des enfants, le retrait temporaire du marché du travail peut prendre plusieurs formes. Au Québec et dans certains pays européens, le congé de maternité rémunéré s'échelonne sur près d'une année, alors qu'il est beaucoup plus court et non rémunéré aux États-Unis, par exemple[80]. Généralement, les femmes de carrière ont tendance à le raccourcir considérablement, et ce, de façon volontaire. Pour plusieurs d'entre elles, le moment privilégié pour un retrait temporaire n'est pas les mois qui suivent la naissance de leur premier enfant, mais plutôt les années où elles doivent composer avec deux enfants d'âge préscolaire à la maison, dont un qui est encore aux couches. C'est lors de cette phase critique que les obligations familiales pèsent le plus lourd sur l'emploi du temps des femmes de carrière, qu'elles aient ou non un conjoint. Non seulement elles ont moins de temps à consacrer à leur carrière, mais les compromis et les ajustements nécessaires pour servir deux maîtres sont plus difficiles à réaliser. Les mères de famille monoparentale, par exemple, n'ont pas le don d'ubiquité. Elles ne peuvent à la fois participer à une réunion d'urgence et récupérer un enfant malade à la garderie. C'est tout simplement impossible !

Face à une telle réalité, une proportion appréciable de femmes prennent la décision de quitter le marché du travail au risque de compromettre leur avancement futur afin de consacrer à leurs enfants le temps qu'elles jugent nécessaire à leur éducation, nous révèle un sondage de Catalyst publié en 2004[81]. D'autres choisissent même de ne pas avoir d'enfants. Dans tous les cas, les femmes sont plus enclines que les hommes à faire ce choix, déchirant pour plusieurs d'entre elles. On m'a relaté l'histoire d'une femme qui un jour a éclaté en sanglots devant son patron. Elle, qui avait passé sa carrière à voyager à travers le monde toujours en première classe et dans les plus grands hôtels, disait regretter d'avoir fait ce choix. Elle aurait aimé avoir des enfants, mais il était déjà trop tard pour elle.

Figure 11 : Résultats d'un sondage de Catalyst sur la décision ou non d'avoir des enfants (en %)[82]

	Hommes	Femmes
Pour ne pas compromettre mes objectifs de carrière, j'ai choisi de ne pas avoir d'enfants.	2	27
Pour ne pas compromettre mes objectifs de carrière, j'ai choisi de reporter à plus tard le moment d'avoir des enfants.	10	20
Pour m'occuper convenablement de mes enfants, j'ai quitté mon emploi et interrompu ma carrière.	1	8

Selon un sondage réalisé auprès de 2 443 femmes et 653 hommes professionnels américains entre 28 et 55 ans, d'autres réalités familiales peuvent aussi influencer leur retrait temporaire du marché du travail. Ainsi, 24 % des femmes qui se sont retirées l'ont fait pour prendre soin d'un autre membre de la famille[83]. Il peut s'agir de parents âgés, mais aussi de grands-parents, d'oncles ou de tantes. Ce pourcentage grimpe à 33 % chez les femmes de 41 à 55 ans, qui représentent la « génération sandwich », en raison du fait qu'elles ont encore des enfants à charge lorsqu'un tel événement survient dans leur vie*[84].

---

* Au Canada, l'édition 2002 de l'enquête sociale générale de Statistique Canada en vient à des conclusions semblables quant à ce phénomène. Ainsi, en 2002, 23 % des Canadiens âgés de 45 à 64 ans prodiguaient des soins à des personnes du troisième âge.

Figure 12 : Principaux facteurs ayant influencé les femmes à quitter leur emploi, aux États-Unis (en %)[85]

Besoin de temps pour les enfants	45
Revenu familial suffisant	32
Insatisfaction au travail	29
Besoin de temps pour les autres membres de la famille	24
Impression de stagner professionnellement	23

DES AMBITIONS SOUS LE BOISSEAU

Si les responsabilités familiales sont souvent en cause, elles ne sont pas les seuls facteurs qui expliquent le retrait des femmes de carrière. L'impression de stagner, l'insatisfaction au travail et la démotivation jouent aussi un rôle, comme l'indique la figure ci-dessus. Et ces facteurs ne sont pas nécessairement isolés. Les femmes dont la carrière est sur une lancée se laissent plus aisément convaincre que leur famille saura se débrouiller sans elles en dépit des horaires de fou de maman. Au contraire, une situation insatisfaisante peut inciter une femme à mettre ses ambitions sous le boisseau et à se tourner davantage vers sa famille. Telle a été la décision prise par une productrice d'émission de télévision citée dans une étude de l'économiste Sylvia Ann Hewlett à la suite d'une déception professionnelle : « Lors du printemps où une promotion m'a subitement échappé, ma fille de deux ans m'est apparue différemment. Rien de ma situation objective ou de mon emploi du temps n'avait vraiment changé durant ces mois, mais je me cherchais des raisons pour prendre une pause et je voulais tout à coup croire à l'idée que ma fille avait besoin de moi à plein temps à la maison[86]. »

Ce témoignage laisse supposer que cette femme pouvait compter sur les revenus d'un conjoint pour prendre la décision de se retirer temporairement du

Les Femmes au secours de l'économie

marché du travail. Comme on le sait, les couples de professionnels sont désormais monnaie courante. Si pour une majorité de mères de famille monoparentale et même celles issues de famille biparentale les deux revenus demeurent essentiels, un bon nombre de femmes peuvent en effet compter sur un conjoint dont les revenus sont substantiels. Ainsi, comme l'indique la figure précédente, 32 % des femmes de carrière interrogées évoquent ce facteur pour expliquer leur retrait de la vie professionnelle[87].

Aussi déchirant soit-il, certains chercheurs estiment qu'il s'agit là d'un choix naturel et légitime, le résultat d'une série de décisions que prend un couple dans le partage des responsabilités familiales. C'est notamment la thèse de Catherine Hakim de la London School of Economics qui soutient qu'une majorité de femmes souhaitent adopter un mode de vie plus équilibré et éviter à leur conjoint les effets des responsabilités familiales sur la carrière[88]. Deux contre-arguments s'opposent à cette thèse. Tout d'abord, le choix légitime dont parle Mme Hakim est plus naturel pour un couple avec au moins un revenu élevé que pour un couple disposant d'un revenu familial modeste. Ensuite, elle omet de dire que près de la moitié des couples avec enfants divorceront alors que les enfants sont encore mineurs[89]. Un choix en apparence sensé à la naissance des enfants dans un couple intact peut donc devenir un cadeau empoisonné pour une mère monoparentale. Celle-ci devra désormais composer avec les conséquences psychologiques et financières d'une rupture et se frotter à des employeurs potentiels qui verront d'un mauvais œil son absence prolongée du marché du travail.

Bien sûr, il arrive également aux hommes de carrière de marquer une pause. Mais ils sont moins nombreux à le faire que les femmes (24 % plutôt que 37 %), et ils le font pour des raisons différentes : seuls 12 % des hommes choisissent de s'occuper des enfants. Le double d'entre eux quitte pour se perfectionner et les autres le font dans le but de changer de carrière[90].

UN RETOUR DIFFICILE ET COÛTEUX

Peu importe le moment exact du retrait, il est étonnamment court autant pour les hommes que pour les femmes et très rarement conçu comme autre chose qu'une situation temporaire. Une enquête réalisée en 2004 auprès de professionnels américains révèle que 37 % de toutes les femmes abandonnent temporairement le marché du travail pour une durée de 2,2 ans en moyenne, et aussi peu que 18 mois dans le monde de la finance. Toujours selon cette enquête, 93 % des répondantes s'étant retirées souhaitaient réintégrer le marché de l'emploi dans un avenir rapproché[91]. Près de la moitié d'entre elles ont évoqué des raisons financières (ou d'indépendance financière) comme raison principale derrière leur volonté de reprendre rapidement leur carrière. Toutefois, les récompenses psychologiques associées aux emplois prestigieux et stimulants qu'elles occupent demeurent le facteur prépondérant : elles veulent reprendre leur carrière d'abord et avant tout parce qu'elles en tirent satisfaction[92]. D'ailleurs, pendant cette pause, leur identité professionnelle demeure centrale dans tous les échanges sociaux qu'elles peuvent avoir. Lors d'un cocktail par exemple, une avocate en congé familial ou entre deux emplois continuera toujours de répondre qu'elle est avocate si on lui demande ce qu'elle fait dans la vie.

La majorité des répondantes de l'enquête évoquée précédemment estimaient sans doute avoir fait le bon choix en marquant une pause dans leur carrière afin d'offrir à leurs enfants un bon départ dans la vie. Rien ne leur laissait croire qu'un tel retrait aurait d'autres effets sur leur carrière qu'une diminution temporaire de revenus. Et pourtant…

Les Femmes au secours de l'économie

Seulement 74 % de ces femmes sont parvenues à s'établir de nouveau sur le marché de l'emploi. De ce nombre, 40 % sont retournées à un emploi régulier à temps plein. Parmi les autres répondantes, 24 % occupent désormais un emploi à temps partiel, et 9 % sont devenues travailleuses indépendantes[93].

Comme l'indique la figure ci-dessous, les conséquences financières sur la rémunération à moyen et à long terme de ces femmes sont sans commune mesure avec la durée relativement courte de leur absence. Après moins d'un an d'absence seulement, celles-ci ont déjà perdu 11 % de leurs revenus, un écart qui se creuse à 27 % après un retrait de trois ans et plus.

Figure 13 : Impact du congé familial sur la rémunération (en % du salaire)[94]

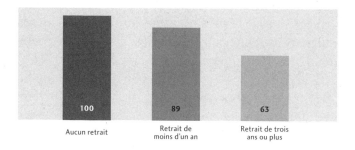

Aucun retrait	Retrait de moins d'un an	Retrait de trois ans ou plus
100	89	63

Les données indiquées dans cette figure tendent à être les mêmes que celles révélées par d'autres enquêtes américaines aux méthodologies différentes.

À titre d'exemple, Jane Waldfogel, professeure d'économie à l'Université Columbia, aux États-Unis, a analysé la rémunération de l'ensemble des femmes au cours de leur vie. Elle constate que la rémunération moyenne des femmes est égale à celle des hommes au début de leur carrière ou dans la mi-vingtaine. Après quelques années sur le marché du travail, dans la cohorte des 25 à 29 ans, les femmes ont une rémunération moyenne qui se situe désormais à 87 % de la moyenne masculine. Et l'écart continue de se creuser au fil du temps. Dans la cohorte des 40 à 44 ans, une fois les femmes de retour à temps plein sur le marché du travail à la suite des congés familiaux de la trentaine, celles-ci touchent en moyenne un salaire 29 % moindre que celui des hommes[95].

LE *HIDDEN BRAIN DRAIN TASK FORCE**

Je le rappelle, que ce soit parce que le revenu du conjoint est suffisant ou encore parce que l'employeur n'offre aucune flexibilité dans l'horaire, 37 % des femmes de carrière interrogées dans le cadre d'une des études du *Hidden Brain Drain Task Force* aux États-Unis ont fait le choix d'abandonner leur emploi et de consacrer tout leur temps à la vie familiale.

Lors des entrevues réalisées auprès des femmes qui marquent une pause prolongée dans leur carrière, deux caractéristiques révélatrices ressortent :

1. la plupart des répondantes n'envisageaient même pas de retourner auprès de leur employeur chez qui elles ont bâti un réseau d'alliés et de mentors ;
2. il leur était difficile de renouer avec un semblant de plan de carrière auprès d'un nouvel employeur lors de leur retour sur le marché du travail.

En effet, seulement 5 % de professionnelles d'une enquête du *Hidden Brain Drain Task Force* qui s'apprêtaient à reprendre le travail souhaitaient retourner chez le même employeur. Dans le secteur des affaires

---

* *Hidden Brain Drain Task Force* se nomme maintenant *Task Force for Talent Innovation*. Il s'agit d'un regroupement d'entreprises privées (dont American Express, Ernst & Young, Johnson & Johnson, Time Warner et Unilever) œuvrant au développement de pratiques corporatives adaptées aux besoins des employés de tous les genres, générations et cultures.

et de la finance, aucune des répondantes ne le désirait[96]. Cette donnée est révélatrice: elle suggère que ces femmes sont convaincues que leur employeur n'a pas su capter leurs signaux d'ambition ou qu'il ne s'est pas montré ouvert à leur demande en faveur d'un horaire plus flexible dans les mois qui ont précédé leur décision.

Tout cela serait un moindre mal si le malheur de l'employeur précédent faisait le bonheur de l'employeur subséquent. Mais c'est loin d'être le cas. Un grand nombre de femmes qui retournent sur le marché du travail vivent un choc sans commune mesure avec celui de leur premier emploi. Le retour est difficile. Malgré une expérience solide et des réalisations à leur actif, elles se trouvent en compétition avec des gestionnaires plus jeunes pour des postes moins prestigieux. C'est comme si elles devaient repartir de zéro: faire la preuve de leurs compétences, dissiper les doutes quant à leur engagement professionnel, rebâtir un réseau de mentors et d'alliés, convaincre les patrons qu'elles sont désormais en mesure de relever de gros défis en dépit d'obligations familiales. Et puis, elles doivent retourner à la case départ dans un contexte où les gestionnaires qui évaluent leur performance et leur potentiel vont les comparer non pas aux femmes du même âge dans une situation similaire ou à leurs consœurs plus jeunes, mais bien à leurs collègues masculins du même âge et du même niveau d'expérience. Ceux-ci auront forcément accumulé plus d'expérience et de promotions puisqu'ils n'ont jamais pris de pause, ou si peu.

Puisque ces femmes talentueuses et dévouées peuvent encore travailler pendant trois décennies après ce retrait, comment peuvent-elles se trouver à ce point pénalisées? Je vous le demande: pourquoi est-il si facile d'abandonner l'autoroute de la carrière, mais si pénible et frustrant d'y revenir?

Un modèle de carrière dépassé

La réponse est complexe, mais deux grands facteurs sont en cause :

1. une culture organisationnelle encore largement répandue qui associe le candidat idéal à un profil particulier ;
2. la conception même des accès et des sorties de l'autoroute.

Sylvia Ann Hewlett décrit admirablement bien les contours d'un certain modèle de carrière conçu à une époque désormais révolue où la majorité des couples et des familles ne comptaient que sur un seul revenu masculin.

Selon elle, l'effet de ce modèle conçu par et pour les hommes se fait sentir aujourd'hui à deux niveaux : il pousse plusieurs femmes talentueuses à faire le choix d'abandonner leur emploi, et il offre aux concurrents masculins l'opportunité « d'attraper la vague » au cœur de la trentaine, profitant ainsi de promotions accélérées qui échappent donc à la concurrence féminine[97].

L'économiste américaine associe quatre caractéristiques fondamentales à ce modèle, chacune en contradiction avec les réalités et les aspirations des femmes en général, et des mères en particulier :

1. une préférence marquée pour un parcours professionnel fait d'une succession progressive d'échelons hiérarchiques au cours d'une séquence linéaire et ininterrompue ;
2. une importance démesurée accordée à l'emploi à temps plein et à la présence physique sur les lieux de travail, souvent pendant dix heures et plus tous les jours ;
3. un consensus implicite à l'effet que la fenêtre d'accélération dans la progression d'une carrière s'ouvre dans la trentaine. C'est durant cette phase

Les Femmes au secours de l'économie

que la carrière prend son envol ou non. Il n'y a pas de deuxième chance, ni d'autres rampes de lancement;

4. l'adhésion à la croyance selon laquelle les professionnels et les gestionnaires sont motivés presque exclusivement par la rémunération. Par conséquent, tout comportement contraire à cette prémisse est interprété comme un signal d'une ambition ou d'une loyauté vacillantes[98].

Ce modèle ne peut faire autrement que d'avantager les candidats masculins dans la course vers le sommet. Vous le savez comme moi, les responsabilités paternelles n'empêchent aucunement la plupart des hommes de se conformer à la première caractéristique du modèle ni même à la deuxième, ce qui n'est pas le cas pour les femmes. Plus encore, la fenêtre d'accélération ou *fast track*, que j'ai évoquée brièvement au début de ce chapitre, coïncide avec la période la plus intense des obligations familiales pour les femmes de carrière. L'accent mis par ailleurs sur la disponibilité absolue ainsi que la compétition pour savoir qui rentre le plus tôt, qui part le plus tard et qui gaspille le plus de samedis matin ne font qu'exacerber le stress et le sentiment de ne pas être à la hauteur d'attentes multiples chez la plupart de ces femmes. Rien d'étonnant à ce qu'elles cherchent à ralentir à ce moment-là leur engagement professionnel, ou qu'elles plaident pour plus de flexibilité dans l'horaire et l'organisation du travail. Cependant, ce choix sensé entre en contradiction avec la quatrième caractéristique du modèle.

Il n'est pas rare de voir des organisations transformer des réunions d'urgence à des heures atypiques en tests de loyauté à l'entreprise. La majorité des hommes passent ce test sans trop d'encombre. S'ils ont des enfants, ils donnent un simple coup de téléphone à leur conjointe et le tour est joué. À l'inverse, une femme devra trouver, comme par magie et à la dernière minute, un service de garde d'urgence pour la benjamine et appeler quelqu'un pour conduire l'aîné à son entraînement de soccer.

Puisqu'il s'agit de tests de loyauté plutôt que de réunions productives, il n'est pas rare que l'initiative s'avère totalement inutile. Les mêmes décisions auraient pu être prises à la suite d'une conférence téléphonique ou d'un échange de courriels, ou encore le lendemain matin, une fois que tous les participants auraient eu le temps de prendre connaissance du dossier. Parce que ces réunions d'urgence sont souvent l'initiative de patrons dépourvus de contraintes familiales, celles-ci génèrent un ressentiment sans commune mesure avec leur durée ou leur fréquence.

Dans son livre, Sylvia Ann Hewlett donne l'exemple parfait d'une situation aberrante dans laquelle une femme ainsi que toute son équipe reçoivent une convocation le vendredi soir pour le lendemain matin à 9 heures précises. Il a donc fallu que cette femme se démène pour trouver une gardienne, rarissime le samedi matin. Or, l'équipe a attendu le patron jusqu'à 13 heures et après quinze minutes seulement, celui-ci s'est retiré[99]… Voilà ce que j'appellerais un style de leadership méprisant et irrespectueux !

Des options pas toujours avantageuses

La réponse des femmes de carrière aux contraintes de ce modèle de carrière traditionnel prendra diverses formes selon la personnalité et les circonstances particulières propres à chacune.

Plus du tiers des femmes de carrière fera ainsi le choix délibéré de ne pas avoir d'enfants. Pour les autres, il existe trois options :

1. ralentir le tempo pour retrouver l'équilibre;
2. jouer à la *superwoman* en tentant de répondre aux besoins de tous aux dépens de sa propre santé;
3. partir en congé sabbatique afin de mieux revenir une fois les enfants grands et les batteries rechargées.

Tout d'abord, en ce qui a trait à la deuxième option, il est illusoire de penser que le modèle de la *superwoman* ne puisse être accessible qu'à une minorité de femmes à l'énergie ou à l'ambition exceptionnelles. Et parmi elles, toutes ne parviendront pas à maintenir le rythme sans succomber à un épisode de *burnout*. Pourtant, c'est le seul choix, selon moi, qui permet aux femmes de se conformer aux diktats du modèle de carrière traditionnel.

Sauf exceptions, les deux autres options conduisent trop de femmes à sacrifier leurs ambitions au profit de leurs obligations familiales. De plus, elles nuisent à leur carrière en suscitant la réprobation. Ce qu'on leur reproche n'est pas dit explicitement, et ce n'est pas l'effort de travail manquant qui est en cause. En réalité, ces deux options, ralentir le tempo ou prendre un congé sabbatique, jettent un doute quant à leur engagement envers l'organisation aux yeux de leurs collègues et de leurs supérieurs.

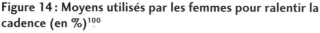

Figure 14 : Moyens utilisés par les femmes pour ralentir la cadence (en %)[100]

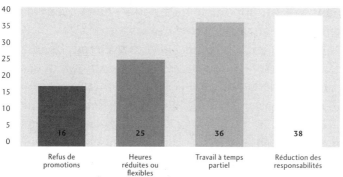

Comme le montre la figure 14, les choix varient pour les femmes de carrière ayant des enfants et qui souhaitent temporairement ralentir le tempo :

1. accepter de manière plus ou moins formelle des affectations à temps partiel, souvent dépourvues de responsabilités directes de gestion ;
2. convenir avec l'employeur d'horaires flexibles ou réduits dans le contexte d'un poste à temps plein ;
3. obtenir de l'employeur d'être délestées de certaines responsabilités lorsqu'elles entrent en conflit avec les responsabilités familiales ;
4. conserver son poste, ses responsabilités et son horaire exigeant, mais refuser une promotion qui aurait pour effet de provoquer une surcharge de travail temporairement ingérable.

En théorie, l'organisation envoie le signal aux femmes de carrière que tous ces choix sont légitimes, et dispose souvent de programmes formels pour faciliter leur application. En pratique, opter pour l'un des trois premiers choix se résume à avaler une pilule empoisonnée. Je m'explique. Aux yeux des grands patrons, les femmes qui font de tels choix se placent dans une catégorie mentale différente, celle où la loyauté à l'organisation est perçue comme vacillante. Autrement dit, elles signalent qu'elles manquent manifestement d'ambition, qu'elles ne sont pas « capables d'en prendre » et donc qu'elles n'ont pas « ce qu'il faut dans le ventre » pour se hisser au sommet. Dans les entreprises où de tels programmes formels de conciliation existent, certaines femmes préfèrent démissionner plutôt que d'y avoir recours. Après tout, les membres de la haute direction eux-mêmes ne s'en prévalent pas, même lorsqu'il s'agit de femmes et de mères de famille. Alors, pourquoi des cadres intermédiaires dans la trentaine prendraient-elles le risque de se placer volontairement sur une « voie de garage » ?

Le quatrième choix, décliner les promotions, est à peine mieux. C'est pourquoi plusieurs femmes de carrière choisissent instinctivement de naviguer « sous l'écran du radar » pour ne pas y être confrontées. Leur degré d'ambition et d'engagement reste intact, mais sachant à quel point l'équilibre travail-famille est difficile à maintenir en présence de jeunes enfants ou de parents vieillissants et malades, elles préfèrent ne pas prendre davantage de responsabilités. On les voit ainsi cesser de vouloir attirer l'attention, ne plus démontrer d'intérêt pour les projets spéciaux et envoyer délibérément le signal que leur poste actuel correspond à leurs limites. Tout cela afin d'éviter de se retrouver dans la situation de devoir refuser une promotion. C'est comme si elles se disaient que l'apparence présumée de désintéressement était préférable à une preuve de déloyauté. Compte tenu de l'attitude de bien des dirigeants, cette « stratégie » n'a rien d'irrationnel : au contraire, laisser courir la perception que l'on a atteint ses limites est une image que l'on pourra corriger plus tard, quand les enfants seront plus grands, alors que refuser une promotion peut vous stigmatiser à jamais.

Ainsi, qu'elles ralentissent le tempo, qu'elles se retirent temporairement ou qu'elles naviguent sous le radar pour éviter de décliner une promotion, un grand nombre de femmes de carrière finissent par ajuster leur degré d'ambition aux conditions ambiantes. En voyant des collègues masculins du même âge se retrouver loin devant elles dans la course à la haute direction, en faisant l'expérience quotidienne de la discrimination subtile, en subissant la stigmatisation associée aux mesures de conciliation travail-famille, elles finissent par se convaincre que les plus hautes fonctions sont hors de leur portée.

À preuve, dans le domaine des affaires, 53 % des femmes gestionnaires très qualifiées interrogées par le *Hidden Brain Drain Task Force* cité précédemment se décrivent comme «très ou extrêmement ambitieuses» entre 28 et 40 ans. Parmi la cohorte des 41 à 55 ans, seulement 37 % se décrivent ainsi[101]. Ce déclin de l'ambition n'est pas le résultat d'un événement en particulier. Il est l'aboutissement d'un cercle vicieux dans lequel la démotivation envoie le signal d'un désengagement, qui mène à moins d'affectations stimulantes. Ce qui diminue encore davantage l'ambition.

À mon avis, l'ensemble de ces obstacles prive les organisations de la présence féminine au sommet et de certains avantages compétitifs. La perte de compétitivité est causée également par l'échec total ou partiel de la réinsertion des femmes sur le marché du travail après une absence plus ou moins prolongée. Remplacer un cadre d'expérience qui ne revient pas après un congé familial coûte cher. Enfin, le coût d'opportunité associé à la productivité anémique des femmes démotivées est plus élevé encore.

5

LE POUVOIR AU FÉMININ

Lorsqu'on évoque la présence accrue des femmes au sommet des entreprises, certaines questions viennent à l'esprit. Celles-ci possèdent-elles des qualités et des caractéristiques particulières distinctes de celles des hommes qui feraient d'elles un atout pour l'entreprise? Est-ce que leur intégration au sein de la haute direction ou dans les conseils d'administration ajouterait des compétences et une manière de faire et de penser qui bénéficieraient à l'entreprise? Autrement dit, et avec une pointe d'humour si vous me le permettez, la banque d'investissement Lehman Brothers existerait-elle encore aujourd'hui si elle avait été baptisée Lehman Sisters?

Si personne ne peut répondre à cette dernière question, j'ai tout de même la prétention de croire que les entreprises ont intérêt à inclure les femmes dans leur équipe de direction et au sein de leur conseil d'administration. Avec un style de leadership qui leur est propre, des compétences et une expérience solides, les femmes peuvent faire une différence appréciable au sommet. Des cas probants en témoignent.

Ma conception du leadership

Mais d'abord, qu'entend-on par un leadership au féminin ? Au risque de semer la controverse, je dirais que, s'il existe un style de leadership masculin, il y a aussi un style de leadership féminin. Tout simplement parce que les femmes, par certains aspects, diffèrent des hommes. Ce n'est pas toujours évident au travail, j'en conviens. Car, comme je l'ai mentionné au chapitre précédent, pour des raisons stratégiques certaines femmes préfèrent opter pour un style de leadership plus masculin. Elles croient ainsi mieux répondre aux attentes de leur milieu, ce qui ne donne pas nécessairement les résultats escomptés.

Je pense pour ma part qu'il est préférable de rester soi-même en toutes circonstances. Au cours de ma carrière, j'ai observé la même ligne de conduite en situation de pouvoir : ouverture, respect et bienveillance envers mon équipe, qui me le rendait bien. Lorsque j'étais ministre des Finances au sein du cabinet du Parti libéral de Jean Charest, la porte de mon bureau était toujours ouverte. Si je tenais à ce que les membres de mon équipe m'appellent « Madame la ministre » par respect pour ma fonction, il était hors de question que je sois accessible seulement sur rendez-vous. J'accueillais avec attention et considération les commentaires et les remarques de mes collaborateurs sur les différents projets à l'étude. Et je prenais, à la lumière de nos analyses respectives, les décisions qui s'imposaient. J'ai toujours aimé être entourée de gens intelligents à qui je laissais beaucoup d'espace : ils avaient le droit d'émettre une opinion et d'être en désaccord avec moi. L'idée était de faire ressortir le meilleur d'eux-mêmes. Je disais à mes collaborateurs : « Plus vous allez briller, plus je vais briller.» Si l'un d'entre eux commettait une erreur, il devait lui-même la réparer avec l'aide de l'équipe afin que je puisse ensuite aller corriger le tir. Par ailleurs, si je suis reconnue pour être très exigeante, j'aime malgré tout travailler dans la bonne humeur. Nous avons beaucoup ri, mon équipe et moi, si bien que j'ai gardé d'excellentes relations avec mes anciens employés.

Selon moi, l'ouverture d'esprit, l'absence d'une hiérarchie trop marquée et l'analyse des différents points de vue, s'ils ne sont pas l'apanage exclusif d'un sexe en particulier, caractérisent très souvent le style de leadership féminin. La recherche d'un consensus n'exclut pas non plus qu'il faille parfois s'affirmer avec vigueur face à des opposants coriaces, et ce, sans pour autant perdre sa féminité et sans avoir à frapper du poing sur la table. À quelques reprises durant ma carrière et notamment en tant que ministre, j'ai dû faire face à des situations difficiles. Lors d'une conférence où je devais prononcer un discours, j'ai dit à des hommes qui tentaient de m'intimider : «Vous allez me laisser partir, car je sais que vous ne me laisserez pas parler.» Je n'avais pas peur. Je suis sortie, et les gens dans la salle m'ont applaudie. J'ai toujours dit que ce discours, que je n'ai pas prononcé, a été le meilleur de ma vie parce que les médias en ont beaucoup parlé le lendemain ! Un éditorial a même dénoncé l'incident. Croyez-moi, une attitude ferme et tenace est plus efficace que la force pour faire valoir son point de vue.

Il est hors de tout doute que l'apport des hommes et des femmes au sommet peut faire une différence. La rencontre d'approches et de points de vue complémentaires et opposés peut considérablement enrichir et élargir les perspectives dans une entreprise.

À ce propos, j'aimerais vous faire part d'une anecdote. Avant d'amorcer la rédaction de cet ouvrage, j'ai eu l'occasion d'écouter une émission sur les comportements des hommes et des femmes en situation de leadership. Deux groupes, l'un composé de quatre hommes seulement, et l'autre des membres des deux sexes à parts égales, avaient pour tâche de meubler et d'organiser le bureau d'un directeur général. Les résultats de cette expérience sont tout simplement stupéfiants : dans le groupe d'hommes, l'un d'entre eux a vite pris le leadership, à la satisfaction des autres membres. L'essentiel de la discussion a tourné pour eux autour de l'organisation du bureau : où mettre la photocopieuse, le téléphone, le bureau, la chaise, etc. Le comportement de l'autre groupe a été très différent. Abordant le problème autrement, les membres de ce groupe se sont attardés à l'aspect humain de l'organisation de l'espace. Leur but était d'améliorer l'interaction du dirigeant avec son équipe et de rendre le bureau accueillant. Ensemble, les membres du groupe, sans véritable leader, ont décidé de la couleur, de la disposition des meubles, de façon que chacun des employés puisse trouver l'endroit agréable. Cette expérience montre de manière assez cocasse mais révélatrice que les femmes peuvent apporter une dimension humaine à l'étude d'un problème et qu'une approche moins hiérarchique n'empêche pas de prendre des décisions. J'ai trouvé cette émission si fascinante qu'elle a été en quelque sorte l'un des éléments déclencheurs de cet ouvrage.

L'APPORT FÉMININ EN THÉORIE

Maintenant, que disent les experts qui se sont intéressés à la question du leadership ?

Même s'il existe une abondante littérature théorique et expérimentale sur les différences entre les hommes et les femmes en situation de pouvoir, il ressort que ceux-ci se ressemblent plus qu'ils ne se

Les Femmes au secours de l'économie

distinguent. Néanmoins, les chercheurs considèrent qu'il existe bel et bien des différences entre hommes et femmes en ce qui concerne leurs champs d'intérêt, leur façon d'envisager les risques et les problèmes associés à des projets et, enfin, la sélection des tâches nécessaires pour prendre une bonne décision et en assurer l'exécution. Et ces différences ont nécessairement des répercussions sur le fonctionnement et l'efficacité des organisations.

Une équipe de direction et un conseil d'administration composés essentiellement de personnes avec un passé et des expériences presque identiques se privent, d'après moi, d'un éventail élargi de connaissances et développent facilement l'esprit de troupeau. Dans les organisations où les femmes sont absentes, les particularités féminines ne trouveront aucun écho, appauvrissant ainsi le processus décisionnel de l'apport des avis contraires ou différents.

De plus, qu'il y ait une ou deux femmes dans une grande équipe ne changera pas grand-chose à la situation : une perspective distincte d'une source isolée est trop aisément perçue comme une aberration que l'on peut ignorer sans conséquence. Il faut une masse critique, plus précisément le chiffre magique de 30 %, pour faire une différence[102].

Un facteur important dans le succès d'une organisation demeure la qualité du travail de groupe, essentiel au bon fonctionnement de l'entreprise. Or, la cohésion souhaitée se trouve dans la complémentarité des opinions et dans la qualité de la communication entre les différents joueurs. Des chercheurs se sont d'ailleurs penchés sur ce phénomène et ont conclu que le rendement des équipes plus diversifiées dépasse celui de celles qui le sont moins, bien qu'il faille s'attendre à ce que ce soit le contraire à court terme. Le temps et la pratique corrigeront la situation[103]. Les groupes plus homogènes sont en effet plus aptes techniquement et ont souvent plus de compétences, du moins sur papier, mais l'absence de diversité dans la conception d'un problème les prive à long terme d'une compréhension nuancée qui donne à une équipe plus hétérogène un avantage stratégique important. Ernst & Young, un des principaux cabinets d'audit dans le monde, a longuement investigué cet avantage d'un groupe mixte et en fait état dans une récente étude[104].

LES ATTRIBUTS DES FEMMES DE POUVOIR

Qu'en est-il de l'avantage concret et stratégique de la diversité ? En quoi consiste l'apport d'un leadership féminin ? En une attitude plus prudente envers le risque, une gestion fiable et précise des données ou encore la qualité des relations interpersonnelles ? Son effet est-il plus déterminant au sein d'un conseil d'administration ou dans une équipe de direction ?

Au cours des trente dernières années, différents chercheurs ont tenté de mesurer ces attributs avec plus ou moins de succès. Effectivement, la façon de procéder était souvent de mettre en situation, que je qualifierais d'artificielle, des hommes et des femmes et de mesurer comment les deux sexes réagissaient à un problème ou à une situation théorique de complexité variable. Certains y ont vu des différences marquées, d'autres moins. Certains d'entre eux concluaient que les femmes sont plus créatrices, mais moins portées que les hommes à reconnaître leurs erreurs. D'autres estimaient que les femmes sont plus prudentes que les hommes.

Bref, à cause de difficultés méthodologiques combinées à une approche visant à isoler un petit nombre de facteurs, bien des études quantitatives de ce type sont à la limite de l'inutile. Les dirigeants et les employés n'interagissent pas au quotidien avec des abstrac-

Les Femmes au secours de l'économie

tions statistiques ou des stéréotypes, mais avec des personnes dont ils connaissent assez bien les forces et les faiblesses.

C'est pourquoi une approche plus réaliste, consistant à soumettre des gestionnaires à des évaluations dites à « 360 degrés » dans l'entreprise même, est beaucoup plus probante. Les gestionnaires sont évalués par leur superviseur, leurs pairs et leurs subordonnés (sept personnes en tout) sur quinze dimensions particulières. Dans cette approche plus holistique et plus concrète, les femmes l'emportent en termes de pointage. En effet, celles-ci ont obtenu des scores statistiquement plus élevés que les hommes[105].

À titre d'exemple, dans une étude faite à partir d'un questionnaire appelé « *Multifactor Leadership Questionnaire* », les femmes obtenaient des scores plus élevés que les hommes pour les dimensions suivantes :
- démontre des attributs qui incitent au respect et à la fierté ;
- montre de l'optimisme et de l'enthousiasme quant aux objectifs et au futur[106].

Fait à noter, ces deux dimensions contribuent de manière significative à l'efficacité des gestionnaires[107].

Deux autres caractéristiques relevées dans plusieurs études sont le souci du bien-être d'autrui et l'attention accordée aux relations interpersonnelles. Voilà qui caractérise bien, selon moi, le style de leadership de plusieurs femmes. Plus encore que leurs homologues masculins, celles-ci se préoccupent du bien-être et des besoins de leurs collègues et de leurs subordonnés. Elles portent également une attention particulière au développement et au mentorat des personnes sous leur responsabilité, ce qui contribuerait à créer une atmosphère de travail saine et ouverte[108]. Par conséquent, elles communiquent aussi plus fréquemment avec le personnel[109].

Ces études apportent donc certaines réponses concernant les atouts féminins et les avantages de la diversité dans les équipes de direction. Cependant, elles doivent être interprétées avec circonspection. Une des difficultés méthodologiques communes à toutes ces études est de bien comparer des pommes avec des pommes. En effet, si les définitions de poste ne sont pas assez précises, on pourra croire que les hommes sont plus décidés que les femmes. Alors que, dans les faits, ces derniers occupent une fonction leur conférant une autorité que leurs collègues féminines n'ont pas, en dépit de titres similaires. Une autre difficulté réside dans la nécessité de tenir compte de la culture propre aux secteurs où hommes et femmes dominent respectivement en nombre.

L'IMPACT DE LA DIVERSITÉ SUR LA GOUVERNANCE

Les recherches sur la gouvernance révèlent des résultats comparables lorsqu'il s'agit d'évaluer l'apport de la diversité et de la présence des femmes dans les conseils d'administration. Depuis les récents scandales qui ont secoué l'ensemble du secteur financier, la gouvernance est devenue un enjeu stratégique majeur, un élément essentiel qui favorise la performance des sociétés, donc un atout déterminant. Or, la présence des femmes au sein des conseils d'administration est notamment associée à des pratiques de gouvernance plus rigoureuses et à une plus grande unité de vision.

À ce propos, une étude du Conference Board du Canada montre que la présence de femmes améliore le fonctionnement et le style de délibération du conseil d'administration en les rendant plus clairs et plus cohérents. Ainsi, on observe que les femmes exercent un contrôle financier plus rigoureux que les hommes. Leur présence au sein des conseils d'administration se traduit en moyenne par un plus grand nombre de comités de suivi : 94 % des conseils d'administration comptant trois femmes ou plus font en effet un suivi de la mise en œuvre de la stratégie corporative contre 66 % pour des conseils d'administration composés d'hommes seulement[110]. En outre, comme l'indique le tableau ci-dessous, les conseils d'administration comptant trois femmes et plus se dotent plus généralement d'un guide de bonne conduite et de lignes directrices en cas de conflit d'intérêts.

Figure 15 : Différences entre les CA comptant trois femmes ou plus et ceux comptant uniquement des hommes (en %)[111]

	CA avec 3 femmes ou plus	CA 100% masculin
Le CA s'est doté de critères pour mesurer la stratégie	74	45
Le CA suit la mise en œuvre de la stratégie de l'entreprise	94	66
Le CA s'est doté d'un guide de bonne conduite pour l'entreprise	86	66
Le CA assure des lignes directrices en cas de conflit d'intérêts	94	68

Les femmes sont aussi plus susceptibles de siéger à des comités d'audit et d'affaires publiques[112], comme en témoigne la figure 16. Par contre, un plus haut niveau de suivi entraîne des frais supplémentaires. Ainsi, les frais de vérification sont significativement plus élevés pour les entreprises qui comptent au moins une femme dans le conseil d'administration[113].

Figure 16 : Probabilité pour les femmes de siéger à un comité (en %)[114]

Au moins un comité	3,5
Comité d'audit	5,2
Comité de rémunération	-3,3
Comité de nomination	2
Comité de gouvernance corporative	5,1

Par ailleurs, la présence des femmes semble diminuer les problèmes d'absentéisme des membres. Plus il y a de femmes dans un conseil d'administration, plus les hommes sont présents[115]. Un autre impact de cette présence semble être un plus grand souci d'indépendance. Les conseils d'administration avec deux femmes et plus accordent une plus grande importance (4e rang sur 7) aux firmes de recherche externes que ceux avec moins de deux femmes (6e rang sur 7)[116].

Ces différents effets de la présence féminine dans les conseils d'administration sont valables dans les cas où les femmes sont nombreuses autour de la table, mais ils demeurent largement inobservables si celles-ci sont en dessous d'un certain nombre. Une étude de McKinsey démontre que la présence des femmes a un impact significatif lorsqu'elles représentent plus de trois membres d'un conseil d'administration[117]. Au-delà de ce nombre, le genre n'est plus une barrière à l'acceptation et à la communication, les femmes recevant plus de soutien et se sentant plus à l'aise d'être elles-mêmes. Et puis, elles cessent surtout d'être perçues comme des représentantes de toutes les femmes, et sont donc plus libres de soulever des problèmes et plus susceptibles d'être entendues. Elles sont en mesure d'avoir un impact positif sur la dynamique du fonctionnement du conseil d'administration.

D'autre part, plusieurs entreprises mettent sur le marché des biens de consommation et des services

Les Femmes au secours de l'économie

pour lesquels les femmes monopolisent la décision d'achat au sein des ménages. En conséquence, il est dans l'intérêt de ces entreprises de montrer une ouverture à une plus grande égalité des sexes. Elles amélioreront ainsi leur image vis-à-vis des consommatrices et, éventuellement, feront pencher les décisions d'achat en leur faveur. Il a d'ailleurs été démontré que la réputation et l'image de l'entreprise étaient meilleures lorsqu'il y avait une présence visible de femmes dans les conseils d'administration et que certains grands investisseurs préféraient placer leur argent dans les entreprises où la diversité dans les conseils d'administration était plus grande[118].

Au-delà des bénéfices en termes de relations publiques, de ventes et d'investissements potentiels, la présence des femmes aux échelons décisionnels a aussi une influence sur les employées et les femmes cadres de talent qu'une entreprise cherche à recruter et à retenir. Car la diversité au sommet a un impact positif sur la motivation des employés, hommes et femmes, en général[119]. Les femmes occupant de hautes fonctions servent d'exemples, de modèles ou de mentors pour les autres groupes minoritaires au sein de l'organisation. Une étude de Catalyst réalisée auprès de PDG d'entreprises conclut à ce sujet que les perceptions et le moral des employés se sont améliorés avec l'embauche d'une directrice[120].

Il existe bel et bien un style de leadership féminin, je peux moi-même en témoigner. De plus, la diversité des genres au sein des conseils d'administration et dans les équipes de direction est source de meilleures décisions. Les entreprises ayant misé sur le talent féminin sont souvent plus rentables et performantes que les autres, et la présence des femmes au sommet influence le personnel au sein de l'organisation et permet d'attirer les cadres les plus compétentes.

Quels sont les bénéfices financiers que les entreprises retirent en embauchant des femmes au sommet? Quelle est l'ampleur des pertes lorsque le talent féminin abandonne l'entreprise, ou encore lorsque les femmes choisissent de moduler leurs ambitions selon les signaux reçus et empruntent la voie de service?

6

FEMMES ET PERFORMANCE EN ENTREPRISE

Toute entreprise veut accroître ses performances et prospérer, cela va de soi. Or, les compétences, les réflexes et le style de gestion propres aux femmes vont-ils justement faire en sorte d'augmenter les rendements des entreprises qui les ont embauchées? La question se pose également en ce qui concerne les conseils d'administration. Le soin plus minutieux qu'elles portent à la qualité des activités de vérification et de contrôle et leur diligence se traduisent-ils par un meilleur taux de rendement sur les actifs investis?

DES RÉSULTATS SUPÉRIEURS GRÂCE AUX FEMMES

Dans une étude publiée en 2004, Catalyst a tenté d'évaluer l'apport financier des femmes auprès d'un échantillon de 353 compagnies du Fortune 500. Bien que les résultats ne puissent être totalement concluants ni établir avec une certitude définitive un lien de cause à effet, il s'avère néanmoins que les entreprises qui ont plus de femmes dans leur équipe de direction ont des résultats supérieurs aux entreprises qui en ont moins[121].

Un écart de 35 % dans le taux de rendement des capitaux propres sépare les entreprises qui ont le plus grand nombre de femmes à la haute direction de celles qui en ont moins. De plus, comme le montre la figure 17, les 88 entreprises avec le plus de diversité de genre dans leur équipe de direction affichent un taux de rendement des actionnaires supérieur.

Figure 17 : Rendement total des actionnaires (en %)[122]

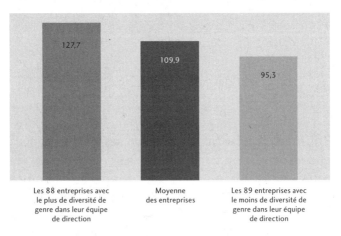

| Les 88 entreprises avec le plus de diversité de genre dans leur équipe de direction | Moyenne des entreprises | Les 89 entreprises avec le moins de diversité de genre dans leur équipe de direction |

Tout aussi évocateur est un rapport de 2007 de la firme McKinsey, un des grands cabinets de conseil mondiaux auprès des directions générales, qui s'est intéressée à la performance financière de 89 grandes entreprises européennes ayant la plus forte mixité au sein de leur équipe de direction. À l'instar des résultats de l'étude de Catalyst, ceux de McKinsey présentés dans la figure 18 montrent également une meilleure performance pour ces entreprises par rapport à la moyenne de leur secteur de référence en ce qui concerne la rentabilité des fonds propres (+ 10 %), la croissance boursière (× 1,7) et le résultat d'exploitation moyen (+ 48 %)[123].

Les Femmes au secours de l'économie

Figure 18 : Performance des entreprises selon le rapport de la firme McKinsey (en %)

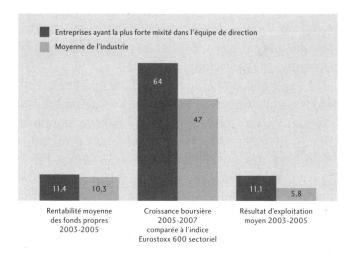

■ Entreprises ayant la plus forte mixité dans l'équipe de direction
▨ Moyenne de l'industrie

64		
47		
11,4 10,3		11,1 5,8

Rentabilité moyenne des fonds propres 2003-2005 — Croissance boursière 2005-2007 comparée à l'indice Eurostoxx 600 sectoriel — Résultat d'exploitation moyen 2003-2005

Enfin, une troisième enquête, réalisée par R. D. Adler entre 1980 et 1998 auprès d'un échantillon de 215 entreprises américaines du Fortune 500, obtient des résultats semblables. À partir d'un pointage basé sur le nombre de femmes à la haute direction, il conclut que les entreprises occupant les dix premières positions du classement quant à la présence féminine surpassent le reste de l'échantillon en termes de pourcentage des revenus, des actifs et des capitaux propres[124].

Figure 19 : Différence entre les profits des entreprises ayant le plus de femmes à la haute direction et la moyenne des entreprises (en %)[125]

Entreprises ayant le plus de femmes à la haute direction	Profits des revenus	Profits des actifs	Profits des capitaux propres
Top 10	46	41	116
Top 15	35	25	85
Top 20	34	19	78
Top 25	34	18	69

D'autres études arrivent aussi à des conclusions similaires. Que les entreprises soient américaines ou européennes, la majorité d'entre elles affichent une performance supérieure en termes de rendement dès lors que les femmes occupent en plus grand nombre les équipes de direction.

Par exemple, une étude finlandaise établit des différences statistiquement significatives de rentabilité entre les entreprises dont le PDG est une femme et celles dont le PDG est un homme. Dans cet échantillon, 7,6 % des entreprises avaient une femme PDG. L'analyse multivariée des données confirme cette corrélation, car elle montre que les entreprises avec une femme PDG sont environ un point de pourcentage plus rentables que celles dirigées par un homme. Avec un seul point de pourcentage, la différence est déjà significative[126].

En France, un lien positif et significatif a également été établi entre la performance, mesurée par le Q de Tobin*, et la présence des femmes, que ce soit au sein du conseil d'administration, dans le comité de direction ou à la tête de l'entreprise[127].

Au Canada, la même corrélation a été établie par le Conference Board. Les entreprises dont le conseil d'administration était composé d'au moins deux femmes en 1995 étaient plus susceptibles six ans plus tard d'occuper la position de tête dans leur secteur, en termes de profits et de revenus, que les entreprises dont le conseil d'administration ne comptait que des hommes (figure 20). En ce qui a trait aux revenus, l'écart est frappant : les entreprises dont le conseil d'administration était composé, en 1995, d'hommes seulement se classaient en moyenne au 40e rang cinq ans

---

* Le Q de Tobin est une mesure de la performance des entreprises. Il est calculé en divisant la valeur marchande de l'entreprise par la valeur de remplacement de ses capitaux.

Les Femmes au secours de l'économie

plus tard, alors que celles ayant plus de femmes au sein de leur conseil d'administration se retrouvaient en moyenne au 17e rang dans le classement[128].

Figure 20 : Rang dans l'industrie en 2000 selon le nombre de femmes au sein du CA en 1995

Composition du CA en 1995	Rang selon les profits (source : *Report on Business*)	Rang selon les revenus (source : FP500)
2 femmes ou plus	10	17
100 % d'hommes	17	40

L'EXPÉRIENCE SCANDINAVE

En revanche, et je me dois de le souligner par souci de nuance et d'exactitude, des études scandinaves soutiennent que la présence des femmes aurait un effet nul ou négatif là où leur proportion dans les conseils d'administration est plus élevée.

Ainsi, chaque conseil d'administration des 448 plus grandes entreprises scandinaves compte 14,5 % de femmes[129], ce qui est supérieur au pourcentage que l'on peut observer à bien des endroits dans le monde. Pour ces entreprises, il n'existe toutefois pas de corrélation positive ou négative entre les cours boursiers et le taux de rendement de l'actif, deux des indicateurs de la performance de l'entreprise[130].

En 2002, la Norvège a été le premier pays au monde à imposer aux entreprises un quota minimum de 40 % de femmes au sein des conseils d'administration. Les entreprises disposaient de trois années pour se conformer à la loi[131]. Selon une autre étude plus récente, un tel quota a eu un effet négatif sur les rendements des entreprises, provoquant même une baisse significative de 8 % à 12 % de leur valeur, mesurée par le Q de Tobin. Cette loi a été sévèrement critiquée par les entreprises norvégiennes qui, en plus de juger son délai d'application trop court, ont rencontré énormément de difficultés lors du recrutement des candidates. En outre, elles ont constaté une chute marquée dans le nombre d'années d'expérience des administrateurs, ce qui aurait eu, selon elles, un effet négatif sur leur rentabilité[132].

Je l'avoue, il existe une difficulté non négligeable à déterminer de façon concluante si le rendement d'exploitation supérieur des entreprises est dû au nombre plus important de femmes à la haute direction et dans les conseils d'administration, ou plutôt à l'ouverture d'esprit des dirigeants soucieux de recruter une main-d'œuvre qualifiée et talentueuse. Autrement dit, est-ce la présence accrue des femmes au sommet qui influence le rendement des entreprises ou bien est-ce le fait que les entreprises les plus performantes ont joué un rôle de pionnières dans la promotion des femmes au plus haut niveau ? Si, par exemple, les organisations les plus performantes sont aussi plus susceptibles d'embaucher des femmes parce qu'elles adoptent d'emblée des pratiques avant-gardistes, il s'agit alors d'un phénomène d'autosélection. Aucune étude citée précédemment ne permet cependant de valider une telle assertion.

LES DIMENSIONS DE L'EXCELLENCE ORGANISATIONNELLE

La meilleure façon de départager les influences en cause est sans doute d'examiner les aspects de la gestion où l'apport des femmes semble avoir un effet marqué. Il faut aussi observer les environnements d'affaires où cet effet s'avère significatif.

Les Femmes au secours de l'économie

Ainsi, quelque 495 sociétés européennes ont majoritairement souligné l'impact positif de l'ouverture à la mixité sur les coûts d'exploitation. Elles ont mentionné un pouvoir d'attraction plus grand auprès des recrues de talent, ainsi que des taux d'absentéisme et de remplacement plus faibles[133].

Au Canada, selon les auteurs d'une étude, des entreprises du palmarès publié par le *Financial Post* (FP500) évoluant dans un environnement d'affaires plus à risque avaient de meilleurs rendements lorsqu'il y avait plus de femmes à la direction ou au conseil d'administration[134]. C'est le cas également des entreprises innovantes, qu'on peut considérer comme étant plus à risque. En posant l'hypothèse que l'innovation requiert de la créativité et une habileté pour le travail d'équipe, qualités dont les femmes sont plus souvent dotées, les auteurs concluent que c'est bien leur présence et leur style de gestion qui influencent la performance et non l'inverse[135].

La firme McKinsey a développé un outil permettant de mesurer la performance des entreprises selon les neuf dimensions de l'excellence organisationnelle. Cet outil a été utilisé pour évaluer un ensemble d'entreprises, dont celles ayant trois femmes et plus dans leur équipe de direction. Comme méthode de collecte des données, McKinsey a recouru à des autoévaluations et à des évaluations par des tiers, soit environ sept personnes. Basée sur les réponses d'environ 58 000 répondants, l'enquête révèle que les entreprises où plusieurs femmes occupent des postes de direction obtiennent des pointages plus élevés que les autres, peu importe la dimension considérée. L'écart est particulièrement important pour les dimensions « Valeurs/environnement de travail » (+ 7 points), « Vision » (+ 6 points) et « Coordination et contrôle » (+ 5 points)[136].

Figure 21 : Les neuf dimensions de l'excellence organisationnelle : comparaison des notes des entreprises selon le nombre de femmes dans les équipes de direction[137]

	3 femmes ou plus	Aucune femme
Innovation	53	52
Responsabilité	65	64
Compétences	71	70
Motivation	66	63
Ouverture sur l'extérieur	67	64
Leadership	72	68
Coordination et contrôle	61	56
Vision	57	51
Valeurs/environnement de travail	55	48

Les dimensions organisationnelles définies par McKinsey sont toutes importantes pour l'entreprise en général, mais certaines sont privilégiées en temps de crise économique. Dans une autre enquête de McKinsey, les entreprises participantes considéraient que le leadership et la direction étaient les atouts principaux dont une organisation devait se doter pour traverser une crise économique. Une fois la crise passée, ce sont l'innovation, le leadership et la direction qui font la différence. Toutes ces dimensions sont plus souvent maîtrisées par les femmes que par les hommes, selon l'étude. Une indication que les femmes à la tête des entreprises et dans les équipes de direction peuvent être des atouts en temps de crise[138].

Outre les dimensions organisationnelles, la firme McKinsey s'est aussi intéressée aux atouts compor-

Les Femmes au secours de l'économie

tementaux des dirigeants, du moins ceux susceptibles d'améliorer la performance organisationnelle des entreprises. Sur neuf critères au total, les femmes adoptent cinq comportements de leadership plus fréquemment que les hommes[139].

Et pour ne citer que ces cinq comportements, il y a le temps accordé à la formation et au mentorat, la définition claire des objectifs, le principe de reconnaissance de la contribution d'un individu à l'entreprise, l'idée de servir d'exemple à son équipe et le fait de susciter l'enthousiasme. Toutes des dimensions qui caractérisent, selon moi, le leadership au féminin.

Figure 22 : Cinq comportements de leadership plus fréquemment adoptés par les femmes[140]

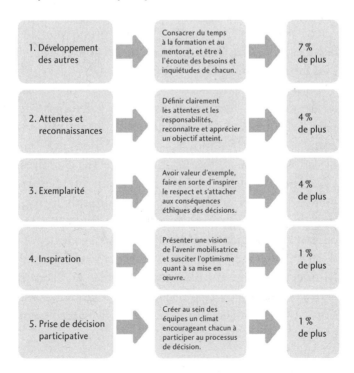

De ces multiples enquêtes effectuées dans plusieurs pays ressortent deux conclusions relativement solides.

La première, c'est que la présence des femmes à la direction des entreprises a un impact positif sur la rentabilité. Cet impact se vérifie d'autant plus si, dans le pays ou l'industrie en cause, les femmes brillaient auparavant par leur absence. En Espagne, par exemple, des enquêtes menées auprès de PME dirigées par des femmes diplômées indiquent un gain appréciable de rentabilité pour les entreprises qui accueillent leurs premières candidates dans l'équipe de direction ou dans le conseil d'administration. Par contre, dans les entreprises de pays comme la Norvège, où la présence féminine à la direction est plus élevée et l'est depuis plus longtemps, l'effet s'estompe. Ces résultats s'expliquent par le fait que l'impact positif de la présence des femmes prend sa source dans l'avantage que procure au départ l'apport de perspectives différentes. Avec le temps et l'augmentation de la proportion des femmes, il semble donc normal que cet apport ne soit plus aussi significatif.

La seconde conclusion, c'est que l'effet positif de la présence des femmes se fait surtout sentir sur le plan de la qualité de la gouvernance et du contrôle des risques, et au sein d'industries caractérisées par l'innovation dans les produits et les processus d'affaires. En accordant plus de soin et d'attention au développement des carrières et aux opportunités de formation de leurs subordonnés que leurs collègues masculins, les dirigeantes réduisent davantage les coûts d'attraction et de rétention du personnel très qualifié. L'impact est d'autant plus grand que la satisfaction au travail et la participation des employés aux solutions sont cruciales pour la réussite à long terme des entreprises innovantes.

7

LE COÛT D'OPPORTUNITÉ
DU TALENT GASPILLÉ

Je ne saurais faire entièrement état de l'impact de la présence des femmes en me limitant à décrire les effets positifs de leur présence au sommet des organisations. Les entreprises doivent nécessairement quantifier les pertes associées au départ de celles-ci. Car il y a un revers à la médaille. Faute d'avancement ou de mesures visant à alléger leur charge de travail, bien des femmes abandonnent leur emploi. D'autres voient leur productivité diminuer ou tombent malades, ce qui entraîne des coûts importants pour les entreprises qui n'ont pas su anticiper pareilles éventualités. Forcément, la valeur du potentiel féminin s'érode avec le temps, ou profite à un concurrent. Il y a là un énorme coût d'opportunité pour l'entreprise et la société qu'il convient d'analyser davantage.

Un travail qui pèse lourd

Examinons d'abord l'effet de la surcharge de travail sur les employés, et plus particulièrement sur les femmes.

L'activité rémunératrice des Canadiens est exigeante. Régulièrement, hommes et femmes doivent prolonger leur journée de travail, car les heures pour lesquelles ils sont payés ne suffisent pas. Certains doivent, en outre, se déplacer souvent pour des voyages d'affaires, ce qui empiète parfois sur la vie personnelle. Et ce rythme ne va pas en diminuant, car les employeurs sont encore plus exigeants aujourd'hui qu'il y a vingt ans. On peut facilement s'imaginer qu'une femme devant faire des heures supplémentaires et des voyages d'affaires, en plus de s'occuper de sa famille, puisse ainsi voir son moral et sa santé affectés.

En dépit du fait que les mesures de conciliation travail-famille font désormais partie du débat public, elles demeurent une réalité abstraite pour une grande majorité des travailleurs au Canada. Seuls 20 % des travailleurs canadiens profitent de modalités plus flexibles favorables à la famille, et il s'agit essentiellement de modèles d'horaires variables, car environ 1 % seulement des travailleurs des deux sexes ont recours au télétravail[141].

Ces pourcentages n'ont pas évolué entre 1991 et 2001. Aussi, les auteurs d'une vaste étude de Santé Canada sur la question concluent que, « au cours de cette même période, on dénote une augmentation du pourcentage des employés qui travaillent selon des horaires reconnus pour augmenter le stress et le conflit entre travail et vie personnelle (par exemple, roulement des équipes, quarts de travail fixes, formules de travail atypiques)[142] ». D'ailleurs, les travailleurs canadiens qui ont des conflits d'horaires entre le travail et la famille perçoivent leur santé comme étant moins bonne que les travailleurs plus aptes à établir un équilibre entre famille et travail[143]. Il semble même que ce phénomène s'accentue pour les femmes : au Québec, celles-ci se sentent plus stressées face à la pression du temps que les hommes, particulièrement lorsqu'elles ont des enfants[144].

Dans une autre enquête encore plus exhaustive réalisée en 2001 pour Santé Canada, le professeur Chris Higgins de l'Université de Western Ontario a sondé plus de 100 employeurs et quelque 31 000 travailleurs canadiens de tous les niveaux de qualification afin de quantifier l'impact de la surcharge de rôles. Il associe cette surcharge à « un conflit entre le travail et la vie personnelle » qui survient quand « les exigences totales en matière de temps et d'énergie associées aux activités à entreprendre sont trop importantes pour qu'une personne remplisse ses obligations adéquatement ou sans inquiétude ». Perçue ainsi, une telle surcharge correspond à ce que nous avons tous vécu épisodiquement au cours de notre vie professionnelle. Mais beaucoup de Canadiens, notamment des Canadiennes, la qualifient d'importante en raison de l'intensité et de la fréquence de ces épisodes[145].

Environ 60 % des employés canadiens se disent aux prises avec une importante surcharge de rôles, une hausse notable depuis une enquête semblable menée dix ans auparavant. Le Pr Higgins et son équipe ont pu constater que ces employés surchargés sont à fort risque de développer des ennuis psychologiques et de santé qui peuvent les pousser à la dépression ou à la démission. Les statistiques qui suivent résument le risque accru dont il est question[*146]. Comparativement à leurs homologues dont la surcharge est faible, les employés surchargés sont notamment :

- **13 fois plus** susceptibles de songer à quitter leur employeur actuel parce que les attentes de ce dernier sont irréalistes ;

---

* Notons que l'échantillon du Pr Higgins et de son équipe ne comporte que 56 % de répondants ayant une personne à charge, et que le secteur privé (20 % de l'échantillon) y est sous-représenté.

- **12 fois plus** susceptibles de signaler un niveau élevé d'épuisement ;
- **6 fois plus** susceptibles de signaler un niveau élevé de stress lié à l'emploi ;
- **5 fois plus** susceptibles de songer à quitter leur employeur parce qu'ils souhaitent consacrer davantage de temps à leur vie familiale ou personnelle ;
- **3 fois plus** susceptibles de signaler un niveau élevé d'humeur dépressive, d'avoir consulté un professionnel de la santé mentale et de se dire en mauvaise condition physique ;
- **2 fois plus** susceptibles d'avoir reçu des soins en consultation externe, d'avoir consulté un médecin six fois ou plus par année, d'avoir consulté un autre professionnel de la santé huit fois ou plus par année, d'avoir été hospitalisés, d'avoir dépensé plus de 300 $ par année en médicaments sur ordonnance pour leur usage personnel ;
- **2 fois plus** susceptibles de s'absenter en raison de problèmes liés aux soins des enfants et de s'absenter trois jours ou plus dans une période de six mois en raison de problèmes de santé.

Le Pr Higgins ajoute que la surcharge des rôles est en hausse au même titre que la proportion des emplois exigeant plus de 50 heures de travail par semaine[147]. En ce sens, les nombreux constats sur les conséquences de la surcharge démontrent bien le formidable impact de milieux de travail mal adaptés à la vie sur la rétention de personnel qualifié. Et les conséquences sont parfois quantifiables dans le langage universel des affaires :
- « les coûts directs de l'absentéisme attribuable à une surcharge de rôles élevée sont estimés à environ trois milliards de dollars par année ;

Les Femmes au secours de l'économie

- les coûts directs et indirects de l'absentéisme en raison de la surcharge de rôles varient entre quatre milliards et demi (chiffres prudents) et six milliards de dollars par année;
- le coût direct de la consultation de médecins attribuable à une surcharge de rôles élevée est estimé à environ 1,8 milliard de dollars par année;
- le coût direct des hospitalisations résultant d'une surcharge de rôles élevée est estimé à quatre milliards de dollars par année;
- le coût direct des consultations au service d'urgence d'un hôpital découlant d'une surcharge de rôles élevée est d'environ un quart de milliard de dollars par année[148]. »

UNE CHUTE DE PRODUCTIVITÉ

L'état de santé d'un individu a un impact sur sa productivité. Plusieurs études concluent qu'un travailleur qui présente des problèmes de santé a plus de risques de s'absenter ou de souffrir de présentéisme[149]. En effet, une mauvaise santé augmente non seulement l'absentéisme, mais aussi le présentéisme, une expression d'origine américaine qui décrit le fait d'être physiquement présent sur les lieux de travail sans pour autant être dans des dispositions mentales et physiques permettant de faire preuve de la productivité attendue. Autrement dit, la personne est là, mais elle ne travaille pas nécessairement. La baisse de productivité du salarié peut être engendrée par des problèmes personnels (maladie aiguë ou chronique, difficultés relationnelles non reliées à l'entreprise) ou professionnels (démotivation ou fatigue causées par une surcharge de travail, un manque de reconnaissance, des relations conflictuelles avec des collègues ou un supérieur, etc.).

Au Canada, le nombre de jours perdus annuellement par travailleur est passé de 7,4 jours en 1997 à

9,1 jours en 2003 (7,4 jours perdus en raison d'une maladie ou d'une incapacité, et 1,7 jour pour des obligations personnelles). Fait à souligner, les absences sont plus importantes au Québec : le nombre de jours perdus y a atteint 10,6 en 2003. Les femmes sont d'ailleurs davantage absentes que les hommes, soit 10,5 jours contre 8,1 jours pour les hommes en 2003[150]. Comment expliquer une telle situation alors que les travailleurs évoluent en principe dans un contexte leur offrant des semaines de vacances payées, des congés fériés, un congé parental et des services de garderie à contribution réduite ? C'est à se demander si l'environnement de travail est défavorable à l'épanouissement des individus, et en particulier des femmes. Faudrait-il songer à modifier le milieu de travail ? Je crois que oui, et j'y reviendrai plus loin.

LES COÛTS

L'exode des cerveaux féminins a un prix. Qu'une femme quitte son employeur pour toujours ou de manière temporaire, celui-ci devra la remplacer à grands frais. Souvent, il devra repartir de zéro afin d'offrir au nouveau candidat la formation et l'expérience qui le hisseront au même niveau de compétence et de productivité que l'employée précédente.

En Australie, la Equal Opportunity for Women in the Workplace Agency[*] a réalisé plusieurs évaluations du coût de remplacement de la main-d'œuvre. Ces coûts sont d'environ 13 000 $ pour un employé, de 48 000 $ pour un gestionnaire et de 75 000 $ pour un avocat[151].

Anne Weisberg, directrice de la gestion des talents chez Deloitte & Touche aux États-Unis et conseillère

---

[*] www.eowa.gov.au

senior pour le programme Women's Initiative créé par la firme, déclarait que l'entreprise utilisait auparavant comme évaluation du coût de roulement 150 % du salaire de l'employé. Quelques années plus tard, c'était 200 %. Le taux de roulement du personnel représente un coût énorme, selon Weisberg. C'est une des principales raisons pour lesquelles l'entreprise investit dans des programmes de personnalisation de carrière[152].

Une étude de Catalyst auprès de grands cabinets d'avocats canadiens évalue le coût de remplacement d'une associée de deuxième année à 315 000 $. Cela inclut les coûts d'investissement dans l'éducation, la formation et le développement professionnel de l'associée, mais aussi les coûts de départ, à l'exclusion des revenus que celle-ci a pu générer durant ses années de service. Les auteurs de l'étude estiment que les cabinets doivent patienter en moyenne 1,8 année après l'embauche d'un nouvel avocat pour récupérer leurs pertes dans l'investissement du capital humain[153].

Non seulement le taux de roulement a un coût, mais au-delà d'un certain seuil, c'est la réputation de l'entreprise qui peut aussi en souffrir. Si le taux de roulement dans une entreprise atteint un point névralgique et que cela se sait dans le milieu, celle-ci aura du mal à attirer des travailleurs compétents. Le taux de roulement est d'ailleurs très souvent un bon indicateur de la qualité de gestion d'une entreprise.

Absentéisme et présentéisme

Je viens d'évoquer les coûts associés aux départs définitifs des femmes de l'entreprise, mais dans bien des cas, celle-ci doit également faire face aux coûts de l'absentéisme et du présentéisme.

D'une part, l'absentéisme oblige une entreprise à embaucher un remplaçant, à réorganiser ses équipes de travail ou encore à exiger des autres travailleurs des heures supplémentaires. L'absentéisme peut donc entraîner des coûts additionnels importants. D'autre part, lorsqu'un employé est à son travail, mais qu'il est moins productif en raison de problèmes physiques ou psychologiques – bref, quand il fait du «présentéisme» –, cela constitue aussi une perte pour l'entreprise, car il est moins efficace que s'il travaillait à plein rendement.

On sait depuis plusieurs années qu'un des moyens pour limiter l'absentéisme et le présentéisme est de mettre en place des pratiques d'équilibre emploi-famille (EEF). Déjà, il y a quinze ans, une enquête menée dans des entreprises québécoises a montré que 15 % d'entre elles avaient un service de garderie, 59,5 % offraient des compléments de salaire et de congés à la naissance ou à l'adoption, 52,5 % avaient un programme d'aide aux employés et 35,5 % avaient implanté un système d'horaires variables[*]. Les mesures d'EEF dans ces entreprises québécoises ont eu pour effet d'augmenter la satisfaction, de réduire le taux d'absentéisme et les retards, et de diminuer le stress[154].

Instaurer des horaires de travail flexibles et un environnement de travail sain pour les employés, hommes et femmes, peut s'avérer bénéfique. Non seulement l'employé se sent moins contraint par son travail, mais sa qualité de vie en est améliorée. Qu'il ait la possibilité d'adapter, dans les limites du raisonnable, son horaire de travail en fonction des aléas de sa vie familiale (garderie, maladies des enfants ou d'un proche) lui enlève une pression considérable. C'est aussi une belle marque de confiance de la part de l'entreprise que de laisser le choix à ses employés quant à leurs horaires de travail.

---

[*] Le principe du système d'horaires variables fonctionne de la manière suivante : l'employé doit travailler un nombre d'heures fixe dans la semaine, mais il peut choisir son heure d'arrivée et de départ.

L'expérience montre que les coûts engendrés par l'implantation dans certaines entreprises de nouvelles politiques de flexibilité ou d'environnement de travail plus adaptées aux besoins familiaux sont largement compensés par un taux de roulement plus faible et par une meilleure productivité des employés[155]. Parfois même, des employés qui étaient partis travailler ailleurs pour de meilleurs salaires sont revenus, alléchés par la perspective d'un environnement de travail plus en adéquation avec leurs aspirations.

Je tiens à préciser que la recherche sur les liens entre le conflit travail-famille et la performance de l'employé (et, par extension, de l'entreprise) n'est pas toujours concluante. Si certaines études montrent une corrélation, d'autres n'en voient pas. En revanche, ce qui est clair, c'est que le conflit travail-famille contribue à augmenter le taux de roulement et le nombre d'absences des employés, diminuant ainsi leur engagement envers l'organisation[156].

Les conditions de travail ont aussi un impact sur la qualité des produits et services. Des employés insatisfaits et stressés ont plus de chances de fournir des produits de moins bonne qualité et de faire des erreurs, et d'affecter ainsi le moral de leurs collègues. Par ailleurs, une entreprise qui a implanté des standards de qualité pour la production de ses biens et de ses services constatera peut-être une baisse de la qualité. En effet, s'il y a un taux de roulement important dans une entreprise et que chaque nouvel employé embauché doit répondre à ces standards, on peut parler ici d'un coût supplémentaire en termes de formation et « d'apprentissage ». Un employé d'expérience a plus de chances de bien connaître et d'appliquer les standards de qualité[157].

DES PERTES POUR LA SOCIÉTÉ

Lorsqu'une femme décide d'abandonner un emploi où elle stagne ou de refuser une promotion parce qu'elle est incapable de faire face à toutes les responsabilités qui en résultent, cela entraîne des pertes nombreuses. Il y a d'abord la perte du rendement tiré d'un capital éducationnel et de l'expérience professionnelle, donc un gaspillage de ressources et, en conséquence, une occasion ratée de faire fructifier ce capital. L'entreprise qui a investi dans l'embauche et la formation de cette femme de même que la société qui a contribué à son éducation perdent ainsi l'une comme l'autre un talent, souvent même avant que celle-ci n'atteigne un poste de direction. La figure ci-dessous montre bien que la perte des effectifs dans la pyramide s'opère dès que les femmes parviennent au niveau des postes de gestion intermédiaires, pour s'effriter dramatiquement par la suite et atteindre le niveau zéro au sommet.

Figure 23 : La pénurie de talent féminin[158]

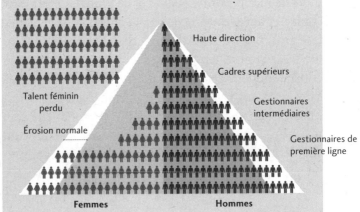

Les Femmes au secours de l'économie

DE PERTES EN GAINS

J'aimerais tout de même apporter certaines nuances à mon propos en m'interrogeant sur l'ampleur et la signification de ces pertes pour la société. Imaginons les cas de figure suivants : si une femme quitte un cabinet d'avocats pour démarrer sa propre entreprise, elle continue de contribuer à la richesse collective. En revanche, si elle décide de s'occuper de ses enfants, cela ne représente-t-il pas aussi un gain, sous une autre forme, pour la société ? Bien entendu, son départ du cabinet d'avocats n'est pas une perte nette, car ses nouvelles activités de maman à temps plein ont une valeur économique. Après tout, si elle conservait son travail, elle devrait payer des frais de garderie et probablement d'entretien ménager. Or, plusieurs études estiment que la valeur du travail domestique est équivalente à 60 % du PIB d'un pays. Il est dommage d'ailleurs qu'elle ne soit pas comptabilisée dans le calcul du PIB. La plus grande part de cette valeur est attribuable à la garde des enfants. Fait à noter, le nombre d'heures non payées pour cette activité dépasse largement le nombre d'heures moyen travaillées sur le marché de l'emploi[159]. De plus, faut-il le répéter, élever des enfants est une contribution au futur bassin de main-d'œuvre. À mon avis, ce sur quoi il faut plutôt miser, c'est d'offrir à ces femmes qui abandonnent leur carrière pour fonder une famille l'occasion de réintégrer le marché de l'emploi lorsque le moment sera opportun pour elles. Car, comme je l'ai mentionné au chapitre trois, le retour sur le marché du travail peut représenter un défi de taille.

Le fait que les femmes soient plus susceptibles de s'absenter quelques années pour des raisons familiales permet aux hommes de bénéficier davantage des occasions de formation continue, surtout durant la période critique de la première décennie de leur carrière. Selon des données de 2002, au Canada, au cours d'une année, 36 % des femmes ayant un diplôme d'éducation supérieure participent à des activités de formation continue non formelles (c'est-à-dire qui ne mènent pas à l'obtention d'un diplôme reconnu) liées à leur emploi. Entre l'âge de 25 et 64 ans, elles recevront en moyenne 738 heures (donc environ 20 semaines) de cours. C'est 17 % d'heures de formation en moins que les hommes[160]. Voilà de précieuses heures perdues pour elles en ce qui concerne leur perfectionnement professionnel.

Le départ des femmes du marché du travail augmente aussi l'écart du taux d'emploi entre hommes et femmes, un facteur déterminant de la richesse d'une économie qui influence également le PIB par tête[161]. Au Québec, en 2011, l'écart du taux d'emploi entre les hommes et les femmes de 15 ans et plus était environ de 7 % (63,6 % pour les hommes et 56,7 % pour les femmes)[162]. Si le taux d'emploi des femmes rejoignait celui des hommes, l'écart de 7 % serait comblé et cela engendrerait une hausse du PIB de 3 % provenant de celle des revenus d'emploi. C'est le pourcentage avancé par la banque d'investissement Goldman Sachs pour la Suède, pays qui se rapproche le plus du Québec en termes d'écart de taux d'emploi. Pour d'autres pays comme le Japon, où l'écart se situe plutôt autour de 25 %, on parle d'une augmentation potentielle du PIB de 16 %[163].

Réduire l'écart d'emploi hommes/femmes serait aussi un moyen, selon moi, de remédier aux besoins en ressources humaines qui vont croître avec le vieillissement de la population. Dans les pays où il est possible à la fois de travailler et de fonder une famille, on constate qu'il existe une relation entre l'écart du taux d'emploi hommes/femmes et le taux de fertilité : plus l'écart diminue, plus le taux de fertilité augmente. En accroissant le taux d'emploi des femmes,

Les Femmes au secours de l'économie

on contribue donc à réduire le ratio de dépendance (retraité/employé) et, indirectement, à augmenter le taux de fertilité[164]. Un rapport de l'OCDE confirme cet état de fait. Les résultats du rapport indiquent en effet que, dans les pays où il y a moins d'inégalités hommes/femmes au travail, « l'évolution du taux de natalité est positive, et la structure démographique plus équilibrée ». De plus, dans ces pays, il y a « moins de problèmes liés au vieillissement », le taux d'activité est plus élevé et l'économie plus forte[165].

Quant aux différences de salaire entre hommes et femmes, celles-ci ont aussi un impact non négligeable sur le PIB. Une étude australienne montre que, par l'intermédiaire de l'investissement, de la fertilité et de la participation des femmes au marché du travail, une augmentation de un point de pourcentage du différentiel de salaire entre les hommes et les femmes réduirait la croissance économique de 0,507 %. Parmi les trois facteurs mentionnés, celui qui a l'impact le plus significatif est la participation, mesurée par le nombre d'heures travaillées. Cela signifie qu'une baisse du différentiel de salaire serait une façon d'inciter les femmes à travailler davantage. Bien entendu, pour que cela se produise, il faudrait que certaines conditions soient réunies, comme l'accès aux garderies, un taux de chômage relativement bas et des horaires flexibles[166].

D'un point de vue sociétal, envisager une plus grande accession des femmes à de hauts postes de responsabilité permet de sortir de la vision unique et passéiste de l'entreprise qui voit souvent leur présence comme un coût (augmentation des salaires, heures de travail plus restreintes pour certaines, moins de flexibilité, budgets de formation accrus, etc.). Il ne faut pas oublier que la mixité dans les conseils d'administration et l'accès à la haute direction auront un impact non seulement sur les femmes qui vont occuper ces postes, mais aussi sur leur famille et la société en général. Pour la famille, cela équivaut à des revenus accrus, donc possiblement à une meilleure qualité de vie. Pour la société, d'un point de vue fiscal, cela se traduit par une hausse des revenus de taxation si les femmes gagnent plus ou si elles travaillent plus et, comme on l'a vu, par une augmentation du taux de fertilité, aspect particulièrement important aujourd'hui alors que la proportion de personnes à la retraite par rapport à la population active tend à croître.

En raison des départs à la retraite et du bas taux de fécondité au Québec depuis 1972, il y aura d'énormes besoins en main-d'œuvre au cours des prochaines années. Le gouvernement canadien prévoit qu'entre 2011 et 2015 « la population active canadienne n'augmentera que de 0,5 %. Aucun accroissement n'est prévu de 2016 à 2025. » Ces tendances peuvent être attribuées au déclin de la participation à la vie active des baby-boomers et au fait que la génération née avant le passage à l'an 2000 et qui entrera bientôt sur le marché du travail est relativement peu nombreuse. Les prévisions suggèrent qu'au cours de la prochaine décennie, « les employeurs ne pourront remplacer que la moitié des départs à la retraite[167] ».

L'évolution démographique aura, par conséquent, un impact direct sur la capacité de l'économie à générer des revenus à partir du bassin de travailleurs potentiellement actifs. Le défi est donc double : attirer et garder les personnes en âge de travailler dans l'entreprise et sur le marché du travail, et augmenter la productivité afin de combler le déficit du nombre de travailleurs actifs. Le Québec devra aussi « relever de moitié le taux de croissance de la productivité au travail s'il veut maintenir la croissance annuelle moyenne du niveau de vie observée depuis le début des années 1980 » (qui est estimée à 1,42 %)[168].

Les Femmes au secours de l'économie

Afin d'augmenter la productivité ou le nombre de travailleurs, beaucoup pensent qu'il faut recourir exclusivement à l'immigration. Or, bien que l'immigration constitue un outil important pour assurer la croissance économique, mieux exploiter le potentiel de la main-d'œuvre féminine constitue un atout indéniable pour assurer le développement du Québec. D'après moi, il serait mathématiquement avantageux de tout mettre en œuvre pour retenir les femmes sur le marché de l'emploi et faciliter leur réintégration dans l'entreprise après une interruption de carrière pour des raisons familiales ou personnelles.

8

DES SOLUTIONS DURABLES

Adapter leurs manières de faire en tenant compte des particularités du talent féminin pour cesser de le gaspiller devient pour un nombre grandissant d'entreprises un facteur de compétitivité, un avantage tangible qui s'inscrit à l'encre noire à la dernière ligne du rapport annuel. Plus les entreprises, petites et grandes, y parviendront, plus le Québec dans son ensemble créera de la richesse, et plus son gouvernement disposera de ressources adéquates afin de concrétiser l'égalité des chances entre les hommes et les femmes.

Pour accomplir cet important changement dans les entreprises, il convient d'abord de se poser les bonnes questions et d'établir un diagnostic précis sur les sources du gaspillage du talent féminin. Afin de pouvoir apparaître sur l'écran radar des comités de sélection pour les postes de haute direction ou pour le conseil d'administration, encore faut-il que les candidates de talent n'aient pas déjà abandonné la partie. Il importe donc de les encourager à demeurer à bord, mais aussi de veiller à leur donner des chances équivalentes à celles des hommes de se mettre en valeur à des moments de leur vie où elles seront en mesure de donner le meilleur d'elles-mêmes. J'explorerai également la question d'un point de vue législatif afin de voir ce qu'il est possible d'imaginer en la matière. Car si certaines entreprises sont des championnes pour retenir et faire fleurir les talents féminins, d'autres ont besoin qu'une loi soit écrite noir sur blanc pour se décider à agir.

CERNER LE PROBLÈME

Une première étape essentielle consiste à se doter d'une grille de données et d'indicateurs sur la situation professionnelle et personnelle des hommes et des femmes dans l'entreprise, et d'une procédure adéquate pour les obtenir régulièrement et valider leur fiabilité. Plus les données et les indicateurs seront riches et précis, plus il sera facile de concevoir des mesures de flexibilité et des ajustements qui tiennent compte des conflits de conciliation travail-famille qui affectent le personnel, en particulier les femmes, et peuvent les pousser vers la sortie.

Selon moi, un diagnostic complet devrait être dynamique et axé sur le fil entier d'une carrière, et non pas limité aux besoins immédiats des mères de jeunes enfants. À titre d'exemple, telle professionnelle a-t-elle des enfants ou des parents vieillissants ? Quel âge ont-ils ? A-t-elle un conjoint avec un emploi également exigeant ? Son emploi lui laisse-t-il plus ou moins d'autonomie à l'égard des horaires ? Est-elle susceptible de devoir gérer une crise à l'improviste ou de travailler sur des projets de longue haleine ? Par tempérament, accorde-t-elle la priorité au travail, à la famille ou au bon équilibre entre les deux ? Manifeste-t-elle des signes de stress ou d'épuisement ?

Il s'agit non seulement de réfléchir à ces questions sur une base individuelle au moment de l'évaluation d'une personne donnée, mais de recouper et d'analyser les facteurs en cause à l'échelle de l'organisation. Il faut pouvoir identifier avec justesse une femme qui vit de la pression au travail qui la poussera peut-être à l'épuisement ou à la démission, et trouver les gestes susceptibles de lui faciliter la tâche avant qu'il ne soit trop tard. Les employés insatisfaits de leur équilibre travail-famille peuvent mûrir la décision d'abandonner leur emploi pendant des mois, voire des années avant de trouver le courage de s'en ouvrir à leurs supérieurs. À ce moment-là, il est presque toujours trop tard.

L'urgence d'évaluer clairement la situation ne diminuera pas. La génération du baby-boom, en dépit de sa réputation hédoniste, est formée d'une bonne part de travailleurs des deux sexes pour qui le travail est une source de gratification et d'identité. Par contre, les plus jeunes travailleurs entre 25 et 35 ans, hommes compris, cherchent davantage l'équilibre entre les dimensions personnelle et professionnelle de leur vie. En plus, ils seront moins nombreux !

En ce qui concerne les femmes, leurs attentes divergent aussi. Les directions des ressources humaines des entreprises semblent d'ailleurs ne pas toujours adopter le même point de vue que ces dernières en matière de conciliation travail-famille et de perspectives de carrière.

À preuve, selon les enquêtes menées auprès des femmes de carrière et des professionnels des ressources humaines, des divergences existent quant à l'importance et l'efficacité de différentes mesures. Le Conference Board du Canada a notamment découvert que les professionnels des ressources humaines confèrent un plus haut degré d'importance et d'efficacité à leurs actions que les femmes de carrière censées en bénéficier. De plus, alors que les premiers accordent une plus grande efficacité aux mesures de conciliation travail-famille, les femmes de carrière en général donnent plus d'importance au suivi de pratiques équitables en matière de développement de carrière et de promotions. Elles attribuent en outre beaucoup d'importance à l'engagement communautaire dans l'évaluation, ce qui n'est pas le cas des professionnels des ressources humaines[169]. Enfin, et cela ne surprendra personne, les femmes de carrière ayant des enfants accordent plus d'importance à la qualité des mesures de conciliation et au suivi des indicateurs sur la satisfaction en emploi. C'est donc dire que les entreprises doivent mieux cerner les obstacles immédiats à la poursuite d'une vie professionnelle équilibrée chez celles qui ont des responsabilités familiales, ainsi que les pratiques de développement de carrière qui inciteront les femmes en général à chercher ailleurs les occasions d'avancement qui semblent faire défaut.

Un bon diagnostic en main, il sera alors possible de concevoir dans les entreprises des mesures et des programmes en fonction des particularités de la main-d'œuvre, et dont toutes les femmes pourront bénéficier sans craindre de s'engager dans un cul-de-sac professionnel.

La première génération de ces programmes est déjà en place dans un bon nombre d'organisations à des degrés divers. Elle consiste la plupart du temps en une série d'aménagements dans l'organisation et l'horaire de travail afin de donner plus de flexibilité à ceux et à celles qui doivent composer avec des obligations familiales et professionnelles. Ces mesures actuelles sont souvent la bouée de sauvetage qui permet aux mères de famille de garder la tête hors de l'eau. Lorsqu'on propose aux femmes de carrière différentes options pour leur faciliter la vie et éviter de nuire à leur avancement, ces aménagements trônent systématiquement au sommet de leur liste de priorités. Dans la gamme des solutions que je vais décrire dans ce chapitre, il s'agit de mesures très faciles à mettre en place, en complément de celles qui sont en vigueur depuis plus longtemps. La difficulté est d'offrir à l'ensemble des gestionnaires (sinon à l'ensemble des employés) une série de mesures suffisamment riches pour que les femmes ayant de jeunes enfants ne soient pas les seules à s'en prévaloir.

Aménager le temps de travail

Les options disponibles comportent plusieurs aspects en termes d'aménagement du temps de travail, qu'il convient de décrire pour mieux en comprendre les effets.

Une première catégorie d'options ajoute de la flexibilité dans la gestion du temps des employés sans diminuer la qualité du travail ni affecter la rentabilité de l'entreprise.

Une deuxième catégorie d'options consiste à offrir à un employé qui en fait la demande une réduction nette de son horaire de travail, soit de manière épisodique et pour une courte période, afin de s'occuper des ennuis de santé d'un proche ou des siens, de profiter de vacances d'été en famille, d'organiser un événement caritatif qui lui tient à cœur. Son horaire peut aussi être réduit, de manière systématique et pour un bon nombre d'années, le temps que les enfants soient inscrits à la maternelle ou que la belle-mère soit transférée au CHSLD.

Enfin, une troisième catégorie comporte une série de mesures qui, sans influer sur l'aménagement du temps de travail, sont de nature à favoriser ceux et celles qui ont des responsabilités familiales, et qui peuvent contribuer à améliorer les perspectives d'attraction et de rétention de la main-d'œuvre, tant féminine que masculine. Ce sont autant de mesures qui améliorent la qualité de vie.

Les différentes mesures de conciliation possibles sont les suivantes :

Première série d'options : flexibilité dans l'aménagement du temps de travail

- Horaires flexibles – heures d'arrivée et de départ quotidiennes variables (et flexibilité dans l'aménagement des pauses et des épisodes de temps supplémentaire).
- Horaires comprimés – charge de travail à plein temps, comprimée en moins de cinq jours.
- Télétravail – possibilité de travailler à l'extérieur du bureau pour une majeure partie du temps, soit de la maison ou d'un emplacement satellite (moyennant un engagement à se présenter au bureau à une certaine fréquence et selon des plages fixes).
- Échange volontaire de plages horaires entre employés ou gestionnaires.

Deuxième série d'options : réduction épisodique ou systématique du temps de travail

Réduction épisodique
- Compte épargne-temps (l'employé cumule des heures supplémentaires dans une banque de temps en vue d'un congé, par exemple).
- Congé pour responsabilités familiales.
- Service de garde d'urgence.

Réduction systématique
- Emploi partagé (réduction du temps de travail et partage des heures avec un autre employé).
- Emploi à temps partiel.

TROISIÈME SÉRIE D'OPTIONS : AUTRES MESURES D'ATTRACTION ET DE RÉTENTION DE LA MAIN-D'ŒUVRE

- Service de garde en milieu de travail.
- Plan d'assurance pour la famille (et non seulement pour l'employé).
- Semaine de quatre jours en période estivale.
- Remboursement des frais d'inscription à une activité physique.
- Service de traiteur et possibilité d'apporter le repas du soir à la maison.
- Journée « enfants au travail ».

Les horaires flexibles et le télétravail constituent la forme d'ajustement aux réalités familiales d'aujourd'hui qui demeure la plus répandue, la plus diversifiée et la plus populaire auprès de la main-d'œuvre féminine[170]. Avec un corpus d'études de cas, un dossier convaincant quant à leurs effets sur la productivité et la rentabilité, et une notoriété telle que les gouvernements s'efforcent de les certifier et de leur apposer un sceau de qualité, ces mesures ont fait leurs preuves et ont acquis leurs lettres de noblesse. C'est notamment le cas au Québec avec la diffusion de la norme « ISO Famille » (Conciliation travail-famille), certification remise par le Bureau de normalisation du Québec aux entreprises qui posent des gestes pour faciliter la vie familiale de leurs employés[171].

La beauté des horaires flexibles, au-delà de leurs conséquences directes sur la conciliation des obligations familiales avec les obligations professionnelles, c'est qu'ils contribuent à changer les réflexes et les points de référence des gestionnaires en matière d'évaluation du personnel. Lorsque ces pratiques deviennent suffisamment répandues pour toucher un grand nombre d'employés, hommes comme femmes et de différentes générations, elles les amènent forcément à penser aux résultats plutôt qu'à la présence des employés sur les lieux de travail, et à la qualité du travail plutôt qu'à l'assiduité.

Ces pratiques induisent donc un changement de paradigme quant à l'évaluation de la performance et, partant, de la planification des carrières. Les pratiques deviennent plus formelles, moins subjectives, axées sur ce qu'une personne peut donner à l'organisation plutôt que sur la somme visible des efforts qu'elle consent. Les femmes qui doivent s'occuper d'un parent fragile et malade ou d'un jeune enfant y gagnent donc sur deux plans : celui de la conciliation, mais aussi celui d'une reconnaissance explicite de leur contribution à l'organisation, qui serait autrement dévalorisée du simple fait que le recours aux horaires flexibles risque de les stigmatiser. Comme disent les Américains, l'accent se déplace du « *face time* » au « *bottom line* ». Cela ne peut qu'aider à l'ascension des femmes. C'est le point de vue de Jyoti Blew, une gestionnaire de première ligne à l'emploi de British Telecom au Royaume-Uni dont l'horaire flexible lui a permis de mieux gérer son temps, à la satisfaction de son patron qui en a compris le bénéfice : « Mon patron me dit que la seule chose qui importe, ce n'est pas la feuille de temps, mais la façon dont je gère mon temps et mon équipe pour accomplir le boulot[172]. » Selon moi, voilà qui résume admirablement bien l'attitude nécessaire pour faire de la flexibilité une solution gagnant-gagnant.

Pour beaucoup de jeunes mères (et un nombre grandissant de jeunes pères, en couple ou ayant leurs enfants en garde partagée), la flexibilité des horaires suffira à rétablir l'équilibre dans leur vie et à les éloigner des conséquences d'une surcharge de rôles. Des mesures pour faciliter la réduction épisodique du temps de travail pourront ensuite compléter l'arsenal des options disponibles.

Les Femmes au secours de l'économie

Pour d'autres, dont les mères monoparentales, les parents de famille nombreuse ou toutes les personnes qui doivent s'occuper d'un parent âgé, seule une réduction systématique du temps de travail pour quelques années suffira. À ce titre, les employeurs clairvoyants ont tout intérêt à se méfier des conséquences qui accompagnent ce choix. Il est essentiel de faire comprendre à tout le personnel que les employés œuvrant à mi-temps conservent intacts leur talent et leurs prérogatives, et pourront devenir dans quelques années le patron ou la patronne du groupe, tout autant que ceux et celles qui travaillent à temps plein.

Soulignons que l'employée ou la gestionnaire qui opte pour le partage d'emploi ou l'affectation à demi-temps devra prendre sur ses épaules l'essentiel du fardeau de composer avec toutes les contraintes et les ajustements logistiques afin d'assurer une transition sans anicroches avec ses coéquipiers. Cela demandera nécessairement un temps d'adaptation que l'entreprise devra faciliter au mieux.

Pour chaque organisation, le dosage approprié de chacune des mesures de conciliation décrites ci-dessus sera fonction de ses ressources et de sa taille, comme des particularités du groupe d'employés visés. En fait, il n'est pas toujours opportun de tout offrir. Selon moi, il convient d'abord de miser sur les options qu'un bon diagnostic aura révélées nécessaires et qui auront le plus d'impact dans les circonstances. Toutefois, il semble qu'une série d'options limitée est plus susceptible de confiner les personnes qui s'en prévalent à un parcours réservé prétendument aux moins ambitieux, ou encore, en ce qui concerne les mères de famille, à ce que les auteurs américains appellent le « *mommy track*[*] » ou la « filière maman ». D'ailleurs,

---

[*] Par opposition à *fast track*.

signe que les temps changent, on parle de plus en plus de « filière parentale ».

LES CLÉS D'UNE BONNE POLITIQUE DE CONCILIATION

Les entreprises ont tout intérêt à garder à l'esprit certains principes lorsqu'elles mettent sur pied ou souhaitent réorganiser leurs mesures de flexibilité dans l'aménagement du temps de travail.

Le premier pas à franchir est de reconnaître le problème. Vie privée et vie professionnelle sont interdépendantes, et les objectifs d'affaires d'une organisation ne peuvent être atteints en faisant appel aux talents de gens dont la vie privée est source d'angoisse, d'insatisfaction et de stress. Bientôt, aucune grande organisation ne pourra compter exclusivement sur les *workaholics* masculins pour assurer sa croissance et la qualité de son équipe de gestionnaires. Ceux du baby-boom étaient non seulement éduqués ainsi, mais pouvaient très souvent compter sur leur conjointe pour s'acquitter de presque toutes les obligations familiales. Ce n'est pas le cas de la main-d'œuvre future qui, en plus d'être moins nombreuse, misera davantage sur la qualité de vie.

Il faut ensuite documenter et analyser la situation avec d'autant plus de sophistication que l'entreprise est de grande taille et la force de travail très qualifiée. Il n'y a pas de place pour l'improvisation ni pour la prolifération d'initiatives *ad hoc*. Il est parfois préférable de ne pas avoir de politique de conciliation que d'en développer une qui a la réputation d'être un prétexte pour accorder des privilèges à une poignée de « chouchous ». Par exemple, chez Ernst & Young, les responsables ont mobilisé plusieurs hauts dirigeants au sein de comités dans un processus qui s'est étalé sur dix-huit mois[173]. Rien n'a été laissé au hasard et leur politique de conciliation figure aujourd'hui parmi les meilleures de l'industrie.

Les ententes sur la flexibilité doivent notamment être négociées sur une base individuelle et conçues sur mesure pour respecter les impératifs des collègues, des clients et de l'employé. Comme l'affirme Chuck Prince, PDG du géant financier Citigroup et un pionnier en la matière, assurer l'équilibre entre la vie personnelle et le travail est un impératif d'affaires, et non pas un accommodement[174]. En outre, il incombe à celui ou à celle qui se prévaut d'une telle flexibilité d'horaire de rassurer son patron quant à l'importance qu'il accorde à la communication et à la prévisibilité du nouvel aménagement. De même, cette personne doit témoigner de sa volonté de ne pas s'enfermer dans la rigidité de l'arrangement si les circonstances changent ou si une situation de crise survient.

Plusieurs entreprises ont découvert que la flexibilité des horaires ne limite pas la capacité de bien servir la clientèle, au contraire. Après avoir offert à l'ensemble de ses ingénieurs affectés au service à la clientèle et au soutien technique la possibilité d'introduire plus de flexibilité dans les horaires, British Telecom a constaté que l'ensemble des choix individuels a fait en sorte que deux groupes importants se sont formés : un premier qui a décidé de commencer la journée très tôt le matin afin de terminer plus tôt, et un second qui a fait le choix contraire. Cette décision a eu pour effet de rendre disponibles un plus grand nombre d'ingénieurs aux moments de la journée où les clients résidentiels de l'entreprise étaient les plus susceptibles d'être à la maison. Par conséquent, la compagnie a pu desservir un million de clients additionnels avec le même nombre d'ingénieurs à son emploi, et les indices de satisfaction de la clientèle, une mesure critique dans cette industrie vulnérable aux défections des clients, ont grimpé de 7 %[175].

Le défi le plus délicat est de s'assurer que le plus grand nombre de personnes visées se prévalent de ces options. Dans certaines entreprises, l'employé ou le gestionnaire qui rencontre son supérieur pour convenir d'un horaire flexible « n'a pas de raisons à donner ». Ainsi, le rôle de l'individu n'est pas de documenter son malheur pour susciter la compassion, mais plutôt d'élaborer un plan de faisabilité afin de convaincre son patron de la rentabilité de sa proposition : « Voici les tâches et les objectifs qui correspondent à mon rôle dans l'équipe, et voici comment l'horaire flexible que je propose me permettra d'accomplir mon travail sans déplacer le fardeau sur les épaules de mon supérieur et de mes collègues. » Il importe de partir de l'hypothèse que toutes les fonctions de l'entreprise peuvent *a priori* être confiées à des employés ayant un horaire flexible, et que ceux et celles qui n'ont pas de jeunes enfants pourraient aussi s'en prévaloir. Chez British Telecom, plus de 75 % de la main-d'œuvre est masculine, et trois personnes sur quatre travaillant selon un horaire souple sont de sexe masculin. En dissociant ainsi clairement la flexibilité des horaires d'un « accommodement pour les mamans », l'entreprise est parvenue à transformer la culture de l'organisation[176]. Chez d'autres employeurs, les leçons apprises dans la gestion de l'emploi à temps partiel et à temps partagé ont influencé la conception et la mise en application des programmes de retraite progressive de par leurs réalités similaires (notamment la réduction et l'aménagement du temps de travail).

Parallèlement à l'effort de répondre à des besoins qui touchent autant les hommes que les femmes, il est impératif que la haute direction envoie un signal fort que le recours à la flexibilité n'a pas d'effet négatif sur les perspectives de promotion et d'accessibilité à la formation. Si les critères entourant ces décisions sont subjectifs et informels, il est préférable de les rendre objectifs, explicites et d'en faire la promotion. Le but est de clarifier l'idée au sein de l'entreprise qu'un parcours de carrière moins rapide pendant un certain temps ne saurait être retenu contre personne.

Toutefois, rien n'est plus convaincant que l'exemple qui vient d'en haut, « *the tone at the top* », comme disent les Américains. Dans certaines entreprises, des employés hésitent à se prévaloir de mesures de conciliation auxquelles les membres seniors de l'équipe de direction refusent systématiquement d'adhérer. Chez Ernst & Young, même les associés profitent de ces options, envoyant ainsi un signal de légitimité aux jeunes professionnels qui aspirent à leur tour à devenir associés, mais qui autrement n'auraient probablement pas pris le risque de se prévaloir de telles mesures de conciliation[177].

Les auteures Alison Eyring et Bette Ann Stead concluent dans une étude que les organisations les plus progressives obtiennent des résultats probants et rapides quant à la parité au sommet en montrant de manière officielle l'appui de la direction à l'objectif de la parité dans les promotions, et en prenant soin d'offrir des postes avec des responsabilités opérationnelles et de la formation continue aux candidates[178].

Il appartient aux dirigeants d'envoyer des signaux sans équivoque que les *workaholics* ne sont plus le modèle à suivre, que le professionnalisme et l'intégrité comptent pour beaucoup, et qu'un parcours discontinu et une assiduité au travail variable dans le temps ne seront pas pénalisés. Afin de contribuer à briser la dominance d'un modèle linéaire d'avancement de carrière, ceux-ci doivent envoyer le signal que les idées nouvelles sont les bienvenues, tout comme les projets entrepreneuriaux au sein de l'organisation. Par-dessus tout, ils doivent s'engager à faire en sorte que les gestionnaires qui décident des promotions, des affectations à l'étranger et des investissements dans la formation des cadres seront tenus responsables de l'atteinte des résultats sur la mixité des postes, au même titre que pour les autres objectifs opérationnels. L'engagement du PDG envers la mixité et la parité est la variable la plus importante parmi les dix-neuf dimensions répertoriées par le Conference Board[179].

La direction peut ainsi parvenir à démontrer son engagement envers la mixité et les carrières féminines :
- en faisant de la promotion des femmes un objectif explicite et répété ;
- en reconnaissant les différences dans les styles de gestion et la nature des contributions selon le sexe ;
- en s'assurant que toutes les promotions sont fondées sur le mérite mesuré selon des critères objectifs ;
- en participant activement aux activités et aux initiatives conçues pour favoriser l'avancement des femmes ;
- en refusant d'accepter des excuses pour l'absence de résultats mesurés dans l'avancement des femmes à tous les échelons de l'organisation.

Enfin, la dernière mais non moins cruciale étape consiste à se doter des bons outils pour faciliter la transition et vérifier les résultats.

Vous le savez tout autant que moi, gérer des personnes n'est déjà pas simple dans un environnement d'affaires. Les dirigeants auront besoin de formation, d'outils de gestion et de temps pour s'adapter. La même technologie qui permet les communications et le travail d'équipe à distance pourra être mise au service de ces nouvelles politiques de conciliation. Souvent, l'émergence du télétravail, des horaires flexibles et des réductions épisodiques du temps de travail incite l'organisation à moins cloisonner les tâches et à investir dans la formation afin de rendre la main-d'œuvre encore

Les Femmes au secours de l'économie

plus polyvalente. L'entreprise n'en sera que plus efficace lorsque le temps viendra de réorganiser le travail.

Finalement, le déploiement du nouveau programme doit être précédé d'un plan de communication et de reddition de comptes, et permettre à la direction de mesurer avec précision l'effet des mesures et des taux de participation sur l'attraction et la rétention du personnel, surtout en ce qui concerne les effectifs féminins avec cinq à quinze ans d'expérience.

Les chefs de file en la matière ont su faire la démonstration éloquente de l'impact d'un bon programme de conciliation sur la rentabilité de l'entreprise. Entre 2002 et 2004, pas moins de 84 % des femmes qui ont pris un congé de maternité chez Ernst & Young ont ensuite poursuivi leur carrière… chez Ernst & Young. La grande firme de comptables a, par la suite, sondé ses employés pour découvrir que deux tiers de ceux qui se sont prévalus des mesures de flexibilité et de conciliation évoquent ces dernières comme raison principale pour laquelle ils se sont joints à l'organisation ou sont restés à l'emploi de celle-ci. Plus précisément, Ernst & Young évalue à 10 millions de dollars par année les sommes épargnées en raison d'une meilleure rétention du talent féminin[180].

On pourrait aussi citer l'exemple de l'assureur AXA. Parmi les mesures mises en place par celui-ci pour améliorer les conditions de travail de ses employés, mentionnons l'horaire flexible, l'horaire à temps partiel et le télétravail. La compagnie offre également à ses employés quatre jours de congé de plus, portant ainsi leur nombre à treize par année. L'implantation de ces mesures semble porter fruit, car AXA possède un taux de roulement très bas[181].

Les effets positifs sont parfois indirects et portés au compte du revenu disponible des employés eux-mêmes. Chez Sun Microsystems, un fabricant d'ordinateurs et éditeur de logiciels américain, la politique de télétravail à mi-temps a sauvé de l'énergie, des émissions de CO_2 et 2 000 $ en frais de carburant et d'entretien du véhicule pour chaque employé[182].

Pour conclure, vous savez que vos programmes de flexibilité ne fonctionnent pas quand :
– seule une minorité de femmes s'en prévaut ;
– les membres de la haute direction et les jeunes gestionnaires, hommes et femmes, reconnus pour être ambitieux s'en tiennent systématiquement éloignés ;
– les taux de rétention ne bougent pas ;
– les employés et les gestionnaires en sont informés de manière partielle et informelle, plutôt que de manière complète et formelle de la part d'un dirigeant qui présente les mesures comme une stratégie d'affaires, au même titre que de nouveaux investissements ou un plan de marketing.

Faciliter la réinsertion

Les mesures de flexibilité et de conciliation sont conçues pour soulager la pression à court terme et, dans certains cas, à plus long terme. Bien implantées, ces mesures pourront éviter aux employeurs des démissions et des embauches coûteuses. Mais elles ne mettront pas fin au gaspillage des talents et à l'érosion des ambitions chez les femmes.

La vie active d'une professionnelle compétente s'échelonne sur quatre décennies au moins. Pour faciliter la carrière d'une femme pendant ces quarante années, des formes de flexibilité plus dynamiques et sophistiquées s'imposent. Les femmes de carrière au sein des grands cabinets de consultants ou d'avocats doivent composer en moyenne avec huit interruptions de carrière entre le moment où elles joignent les rangs des associés et celui où elles sont promues au rang d'associée senior. Les hommes, pour leur part, com-

posent en moyenne avec deux interruptions importantes, motivées par des épisodes de formation plus
que par des obligations familiales[183].

Le concept de l'aménagement flexible consiste
avant tout à tenir compte de la situation des femmes
de carrière ayant des responsabilités familiales. Un
parcours ponctué de plateaux, de pauses et de dis-
continuités ne signifie pas pour autant une absence
de talent, de potentiel ou de capacité empêchant ces
professionnelles d'occuper éventuellement les plus
hautes fonctions.

C'est le type de flexibilité qui, fondamentalement,
permet aux femmes et aussi aux hommes de reprendre
le collier après un congé parental ou familial sans que
personne ne soit indûment pénalisé par la suite. C'est
l'assurance donnée, par exemple, à une jeune femme
talentueuse dans laquelle l'entreprise a déjà beaucoup
investi qu'il lui sera possible de prendre un congé temporaire puis de revenir sans souci, lui épargnant ainsi
la crainte et la frustration de devoir entreprendre une
longue démarche de recherche d'emploi. C'est reconnaître, en fait, que les femmes ambitieuses méritent de
faire partie de la course, qu'elles aient 32, 46 ou 54 ans!

La clé pour réussir l'implantation de ces programmes de conciliation de « deuxième génération »
est de proposer des projets conçus sur mesure pour
des femmes de talent qui n'auront pas la disponibilité
de leurs collègues masculins pendant quelques années.
Mais elles pourront quand même réaliser des mandats
importants et prestigieux qui leur donneront la chance
de démontrer tout leur potentiel à la haute direction.

À ce titre, la firme américaine de consultants
Booz Allen Hamilton est un bon exemple. Celle-ci a
mis sur pied un programme appelé « *Internal Rota-
tions* », qui permet à des professionnelles d'expérience
d'ajouter des cordes à leur arc sans avoir pour autant
à se retrouver en première ligne de la relation avec un

client. Ces femmes sont assignées à des tâches intellectuellement astreignantes, mais qui ne sont pas soumises aux imprévus ou aux échéanciers comprimés, tels des projets d'amélioration des pratiques internes, des travaux de recherche, de la rédaction de propositions et de soumissions, ou encore du mentorat[184]. L'entreprise a par la suite étendu le concept à des projets encore plus petits, requérant de deux à cinq jours de travail par mois, et destinés à des gestionnaires d'expérience qui s'étaient récemment retirées du marché du travail. Deux ans après la mise en place de ce programme, l'organisation peut se vanter d'avoir ainsi convaincu deux femmes remplies de talent de retourner à l'emploi de la firme à temps plein, leur évitant de longs mois de recherche d'emploi[185].

La banque d'investissement Goldman Sachs a elle aussi connu un franc succès en ciblant délibérément les femmes de carrière retournées récemment à la maison. Son programme « *New Directions* » réunit des femmes appartenant à ce bassin largement inexploité et leur envoie un signal fort qu'elles sont les bienvenues dans l'organisation. La banque vise des gestionnaires de haut niveau ayant signifié leur intérêt pour reprendre le travail à temps plein, mais qui craignent qu'une période d'inactivité professionnelle ne joue contre elles dans leur CV. La banque les convoque à un séminaire en présence des hauts dirigeants de l'entreprise et d'autres femmes de carrière qui ont réussi leur transition et qui ont été promues par la suite. Cet événement est à la fois une occasion de faire du réseautage et du mentorat, et de permettre aux participantes d'assister à des présentations de haut niveau sur les tendances émergentes de l'industrie[186].

Malgré les mesures de flexibilité, il y aura toujours un certain nombre de femmes talentueuses qui devront envisager de réduire leur horaire de travail ou de prendre un congé prolongé pour quelques années. Les entreprises qui parviennent à garder le contact avec ces femmes, à ne pas les couper entièrement de formations ponctuelles d'appoint et d'opportunités de réseautage et de mentorat se dotent, selon moi, d'un avantage compétitif indéniable : leurs rivales, elles, continuent de gaspiller sans souci un bassin de talent féminin qui représente une forte proportion de la main-d'œuvre dans certains groupes d'âge et domaines professionnels.

RÉSISTER À L'ÉROSION DE L'AMBITION

Donner un coup de main temporaire aux professionnelles pour les aider à franchir le cap de la maternité et concevoir des plans de carrière qui cessent de pénaliser les parcours discontinus peuvent contribuer à conserver intact et égal à celui des hommes le nombre de femmes dans la course vers le sommet après l'âge de 35 ans. Mais il y a encore des ajustements à apporter du côté des organisations afin de percer définitivement le plafond de verre. Le leadership de la haute direction y joue pour beaucoup, et la pression d'autres acteurs de la société peut accélérer les choses. La véritable clé opérationnelle est de créer des parcours différenciés vers le sommet plus accessibles aux femmes.

Il convient de garder à l'esprit que les deux mesures les plus importantes aux yeux des femmes comme des professionnels des ressources humaines consistent :

1. à suivre la progression de la carrière des femmes identifiées de manière formelle comme étant des gestionnaires à fort potentiel ;
2. à classer et évaluer les gestionnaires qui décident des promotions en fonction de leur capacité à encourager la mixité.

Dans le premier cas, il importe d'ajuster les paramètres des fameux programmes « *fast track* » afin de tenir compte de l'impact des congés familiaux, sans quoi la moitié du talent féminin s'en trouvera indûment pénalisée.

Pour ce qui est de l'imputabilité sur les objectifs de mixité, jugée comme l'une des mesures les plus efficaces par les femmes gestionnaires de haut rang et typique des organisations faisant le plus de place au talent féminin, celle-ci est presque toujours délaissée. Selon McKinsey, seulement 8 % des entreprises intègrent des critères de mixité dans les évaluations de performance des dirigeants[187].

Par ailleurs, les décisions concernant les promotions au sein des organisations s'étant dotées d'outils formels de développement de carrière sont souvent liées aux évaluations annuelles de la performance. Si des modifications sont introduites dans les évaluations afin de pouvoir allouer, par exemple, des bonis à la performance à court terme, il devient inévitable qu'à moyen terme, celles-ci soient reproduites dans les formules d'attribution des promotions.

Il n'y a rien d'exceptionnel et de répréhensible en soi à ce que de telles évaluations de performance révèlent des variations et des écarts dans les résultats entre hommes et femmes. Cela est particulièrement vrai si ces écarts sont modestes, explicables par des différences dans la durée et la nature des expériences des deux groupes, et qu'ils témoignent de variations de part et d'autre (les femmes faisant mieux que les hommes pour certains critères et inversement pour d'autres). Par contre, si l'analyse de l'ensemble des évaluations révèle des écarts importants, systématiques et généralisés pour toutes les dimensions mesurées, seules deux hypothèses demeurent :

1. l'organisation excelle dans le recrutement des hommes, mais fait systématiquement les pires choix quand vient le temps de recruter des femmes ;

2. des stéréotypes sur les compétences des femmes colorent encore le processus d'évaluation, nuisant à son objectivité (hypothèse plus plausible selon moi).

Favoriser le mentorat et le réseautage

En l'absence de processus formels et structurés, les candidats se tournent vers les mentors et les membres de leur réseau informel afin d'augmenter leurs chances d'obtenir une promotion, des pratiques qui avantagent les hommes déjà surreprésentés aux niveaux les plus élevés. Encore là, la direction peut agir pour rendre les réseaux informels et le mentorat plus accessibles aux femmes.

Que le mentorat se déroule dans un contexte formel ou informel, il s'agit toujours d'un atout précieux pour les gestionnaires. J'en suis d'ailleurs la preuve vivante! Au cours de ma carrière, j'ai eu la chance de faire la rencontre d'hommes et de femmes extraordinaires qui m'ont permis de progresser sur le plan professionnel. Je pense notamment à Mme Monique Bégin, une grande dame qui m'a initiée à la politique et, plus récemment, à l'ancien Premier ministre Jean Charest qui, en plus de m'éclairer de ses conseils de politicien aguerri, m'a confié le double portefeuille de ministre des Finances et de présidente du Conseil du Trésor. Du jamais-vu en politique québécoise pour une femme! Actuellement, j'ai sous mon aile de jeunes professionnelles de talent à qui je prodigue mon expertise et mes conseils. Je les invite à se faire confiance, à développer leurs compétences et à se faire connaître en participant à des activités de réseautage. Je leur dis souvent: «Apprenez à jouer au golf. Un jour, sur le terrain, dans un *foursome*, vous allez les impressionner.» Ce sont là des mesures à la portée de toutes.

Les femmes sont plus susceptibles de profiter de la relation de confiance avec un mentor qui les encouragera à se montrer plus proactives quand viendra le temps de briguer un poste à un échelon supérieur. Selon une équipe de chercheurs ayant mené une enquête chez Hewlett-Packard, les femmes ne postuleront pas à un poste ouvert à moins d'être certaines de rencontrer 100 % des critères exigés, alors que les hommes soumettront leur candidature dès lors qu'ils estiment répondre à 60 % des critères exigés[188]… Il faut donc donner aux femmes un coup de pouce pour foncer.

Les mentors, hommes ou femmes, sont de bon conseil et, surtout, ils détiennent une expertise rare et précieuse sur ce qu'il convient d'accomplir pour améliorer ses chances de propulser sa carrière au sommet. Une enquête réalisée auprès de 34 femmes chefs d'entreprise aux États-Unis a révélé que, si ces dernières devaient identifier un seul mentor parmi ceux qui ont eu une influence positive sur la progression de leur carrière, il s'agirait d'un homme dans 33 des 34 cas (70 % de ceux-ci, d'ailleurs, avaient une fille[189]). À preuve, selon une étude du groupe de recherche Catalyst, la principale motivation des hommes à s'engager comme mentor auprès d'une femme prometteuse est le fait d'avoir eu une ou plusieurs filles. D'ailleurs, 83 % des champions de la promotion de la mixité dans le palmarès de l'étude avaient au moins une fille[190].

Multiplier les tremplins

Dans une économie qui se mondialise, les affectations à l'étranger constituent l'une des plus belles cartes de visite pour accéder aux postes de haute direction, surtout au sein de multinationales soucieuses de s'établir avec succès dans les marchés en forte croissance des économies émergentes.

Je me permets de souligner que l'expérience de la conduite des affaires au-delà des frontières est particulièrement importante dans le contexte de l'économie québécoise, très ouverte aux échanges internationaux et dominée par des PME dont la survie dépend pour la plupart de la capacité à s'imposer sur de nouveaux marchés d'exportation. Il importe donc que les organisations cessent de présumer que les femmes refuseront les affectations internationales.

Si l'expérience internationale est essentielle aux promotions futures, celle-ci doit être offerte autant aux femmes qu'aux hommes. Et si une telle affectation est impossible à un certain moment de la vie des femmes de carrière, il faut qu'elles aient la possibilité d'y avoir accès un jour. En attendant, il importe de leur offrir des opportunités d'exercer leur leadership au sein d'équipes internationales sans pour autant les obliger à s'exiler dans un autre fuseau horaire.

Une menace subtile et indirecte

Il est hors de doute pour moi que les dirigeants des entreprises qui s'engagent dans la voie de pareilles transformations pour favoriser l'avancement des femmes devront affronter des facteurs de résistance, inconscients ou non. Certaines études évoquent le fait que le succès des initiatives de parité constitue une menace potentielle pour les hommes qui occupent actuellement l'essentiel des postes de la haute direction[191]. Pour eux, la menace est subtile et indirecte, et se manifeste de deux manières. D'abord, l'arrivée d'un grand nombre de femmes dans une culture organisationnelle informelle aux caractéristiques particulièrement masculines ne peut qu'en modifier les contours : les tabous sur l'expression des émotions et la culture du *Old Boys Club* pourraient disparaître, tout comme les tournois de golf ! Ensuite, et de manière plus menaçante encore, le fait que les femmes soient moins bien rémunérées que les hommes pour des postes similaires à tous les échelons de l'entreprise, y compris les derniers, signifie qu'un afflux massif de celles-ci au sommet pourrait exercer une pression à la baisse sur la rémunération des dirigeants, qui n'a cessé de grimper au cours des dernières décennies.

Dans ce contexte, il devient d'autant plus important que le PDG ou les membres du conseil d'administration investissent dans leur propre « capital politique » en favorisant l'objectif de la parité au sommet, et qu'ils montrent qu'il s'agit d'une cible tout aussi importante que l'augmentation des ventes ou de la productivité. Car, à mon avis, seul un signal hiérarchique fort et sans ambiguïté peut faire contrepoids aux ressorts inconscients ou non qui pousseront les gestionnaires masculins à préserver les normes culturelles et les pratiques existantes qui les ont si bien servis jusqu'à présent.

L'INTERVENTION DE L'ÉTAT

Comme ancienne ministre des Finances et présidente du Conseil du Trésor, je ne peux évidemment m'empêcher de réfléchir à la question de l'intervention de l'État afin de favoriser l'accès des femmes aux plus hautes fonctions.

Celui-ci dispose de plusieurs moyens réglementaires et législatifs pour inciter les entreprises à augmenter le nombre de femmes dans leur conseil d'administration ou au sein de la direction.

L'État peut tout d'abord imposer des quotas, en obligeant les entreprises à fixer un pourcentage minimum de femmes dans leur conseil d'administration.

Signe des temps, de multiples mesures législatives témoignent d'une volonté de changement à l'échelle de la planète. En effet, les pays qui ont appliqué une législation l'ont fait de différentes manières. Certains ont ciblé un type particulier d'entreprises, d'autres ont imposé des quotas différents et progressifs, ou encore des lois et des règlements plus ou moins stricts.

À titre d'exemple, le gouvernement finlandais a imposé aux entreprises étatiques que leur conseil d'administration soit composé d'au moins 40 % de femmes, comme c'est aussi le cas en Norvège et en Islande. Cet objectif a été atteint en deux ans. De plus, les entreprises finlandaises cotées en Bourse ont l'obligation d'avoir au moins une femme dans leur conseil d'administration (en Suède, c'est 50 %). Si elles ne remplissent pas ce critère, elles doivent rendre des comptes[192].

En Australie, on ne peut parler d'imposition de quotas, mais à tout le moins d'une obligation pour l'entreprise de se demander en quoi elle contribue à l'avancement des femmes. Les entreprises australiennes doivent en effet se fixer des objectifs à atteindre en termes de parité dans leur conseil d'administration et montrer de quelle façon elles parviennent à l'atteinte de ces objectifs. Elles doivent aussi rapporter à l'État le nombre de femmes dans l'organisation, à la haute direction et au sein du conseil d'administration. Le même type de législation est en vigueur au Royaume-Uni[193]. Aux États-Unis, les entreprises sont désormais tenues de révéler des informations sur les mesures prises pour favoriser l'accession des femmes dans les conseils d'administration[194].

En janvier 2011, la France a adopté une loi obligeant les entreprises, cotées ou non en Bourse, à atteindre un quota de 20 % en 2014 et de 40 % en 2017. La même année, deux autres pays ont adopté des législations en faveur de quotas : l'Italie et la Belgique[195].

Dans l'Union européenne, aucune disposition légale n'existe, mais Viviane Reding, vice-présidente et commissaire européenne chargée de la Justice, des Droits fondamentaux et de la Citoyenneté, a dit qu'à moins que les entreprises n'augmentent d'elles-mêmes le nombre de femmes au sein de leur comité de direction ou de leur conseil d'administration, la Commission européenne créerait une loi imposant un quota de 20 % de femmes dans les conseils. Le 5 mars 2012, celle-ci a confié au quotidien français *Libération* qu'elle était prête à légiférer pour assurer la parité dans les conseils d'administration des entreprises européennes. Elle a d'ailleurs lancé une vaste consultation à cet effet deux mois après cette annonce, soit en mai 2012[196].

Serait-il envisageable que l'État québécois se dote d'une loi ou de règlements visant à favoriser l'accession des femmes aux postes de haute direction et dans les conseils des entreprises privées ? Certainement !

Pour ma part, j'aimerais que la parité devienne réalité chaque fois qu'un poste s'ouvre dans un conseil d'administration. Dans la moitié des cas, celui-ci devrait être occupé par une femme. À ce rythme, et en vertu d'une approche progressive mais rigoureuse, j'estime possible que le Québec atteigne la barre des 40 % de présence féminine dans les conseils d'administration d'ici une décennie.

Cependant, il y a un bémol : le Québec ne peut le faire seul. On ne peut en effet courir le risque que les entreprises transfèrent leurs sièges sociaux dans d'autres provinces ou chez nos voisins américains – cela s'est déjà vu dans le passé – pour échapper à de tels quotas. L'initiative doit se faire de concert avec le gouvernement fédéral et ceux des autres provinces, et avec la participation aussi des Autorités canadiennes en valeurs mobilières qui régulent les activités commerciales des entreprises.

Comme vous pouvez le constater, de nombreuses solutions sont à notre portée afin de garantir aux femmes un meilleur accès à la haute direction. L'entreprise peut agir en se dotant d'un bon programme de suivi, en aménageant des horaires plus flexibles, en créant un système de mentorat et en changeant graduellement la culture masculine de l'entreprise pour une culture plus universelle. Mais parfois ces moyens ne suffisent pas. De trop nombreuses entreprises ne prennent pas d'elles-mêmes l'initiative ou ne voient tout simplement pas l'utilité d'apporter de tels changements. Voilà pourquoi je privilégie également une intervention de l'État, sous forme de loi ou de réglementation pour accélérer le processus et éviter que le Québec n'ait fait que très peu de progrès dans les prochaines décennies. Plus de 40 % des conseils d'administration des grandes entreprises dans le monde occidental n'ont aucune femme parmi leurs membres[197]. Au rythme où vont les choses ici, ce n'est pas avant soixante-douze ans après la publication de ce livre que nous atteindrons la parité, puisque le taux actuel est à 14,5 % et n'augmente que d'un demi-point par année[198]! Et moi, je ne vous le cache pas depuis le début, mon objectif ultime est de voir, de mon vivant, les femmes briser le plafond de verre qui fait obstacle à leur ascension. Et je mettrai tout en œuvre pour que nous puissions y parvenir!

CONCLUSION

Bien des hommes sont sceptiques à l'égard du fait que les femmes puissent faire une différence pour l'économie en étant plus nombreuses au sommet.

À ces sceptiques, j'aimerais rappeler que la plupart des scandales financiers qui ont récemment ébranlé le monde de la finance et certains gouvernements – dont ceux de la Grèce et de l'Islande –, sont surtout attribuables à la mauvaise gestion des hommes presque exclusivement.

Dans ce contexte, les différences d'approche et de comportement dans le choix et le processus décisionnel des femmes ne peuvent certainement pas nuire. Bien au contraire.

Depuis les années 1980, les femmes constituent environ 50 % des diplômés universitaires ici comme dans de nombreux pays et, malgré le fait qu'elles se classent à la tête de leur promotion, elles sont toujours minoritaires tant dans la haute direction que dans les conseils d'administration. Avec un taux de rotation de 13 % et une augmentation dérisoire de 0,5 % par année, ce n'est pas avant soixante-dix ans bien sonnés que les femmes représenteront la moitié des membres des conseils d'administration dans les entreprises privées, au Québec comme ailleurs au Canada. Soixante-dix ans, c'est bien long pour atteindre la parité et, surtout, cela représente une perte énorme pour la société. Pour moi, cette situation est carrément inacceptable.

Comme je l'ai relaté dans cet ouvrage, plusieurs facteurs expliquent cet état de choses. L'environnement du travail, largement axé sur la carrière linéaire, continue et sans interruption, favorise largement les hommes. Comme dans les sports, le travail souvent « extrême » et intense, celui qui vous retient au bureau de sept heures du matin jusqu'à tard le soir, se pratique presque toujours aux plus hauts échelons de l'entreprise. Ce modèle devient vite un frein pour une femme de carrière dont les enfants en bas âge requièrent une présence au domicile. Encore de nos jours, c'est aux femmes qu'incombe la responsabilité d'éduquer les enfants. La culture du milieu de travail impose encore une présence de tous les instants au bureau, en dépit du fait que des programmes de toutes sortes ont été mis en place pour permettre justement une plus grande souplesse.

Pourtant, quand vient le temps des promotions, celles-ci sont encore offertes aux employés et aux gestionnaires qui se sont démarqués par leur assiduité. Cette présence physique est synonyme de loyauté à l'égard de l'entreprise. Contrairement à moi, qui ai eu mes enfants au début de la vingtaine, les femmes d'aujourd'hui ont leurs enfants dans la trentaine. C'est durant cette période critique que les promotions sont offertes. Un retrait du marché du travail représente alors pour bien des femmes un défi presque insurmontable.

Pendant que les femmes se consacrent à la maternité, les hommes, eux, raflent les promotions. Autrement dit, la culture du milieu de travail est encore tributaire d'un modèle de carrière implanté dans les années 1950, à une époque où les femmes s'occupaient des enfants à la maison. En fait, le monde du travail ne s'est pas adapté à la présence accrue des femmes dans cet univers favorisant incontestablement les hommes. Cette culture est pénalisante pour les femmes qui, souvent, comme je l'ai montré, optent pour des emplois moins exigeants, qui permettent d'arrimer les tâches domestiques et les responsabilités professionnelles. De nombreux témoignages me sont relatés fréquemment et je suis certaine que plusieurs lectrices de ce livre se reconnaîtront parfaitement dans la situation que je viens de décrire.

Un profil continu de carrière, sans interruption marquée, est un atout que les employeurs valorisent encore de nos jours. Un CV qui contient des « trous » devient vite suspect et disparaîtra dans la pile des candidatures rejetées. Un arrêt de travail soulèvera des questions et le fait même d'être mère sèmera un doute quant à la capacité d'une femme de s'engager pleinement dans sa carrière. Un tel critère ne s'applique pas aux hommes, car la paternité est toujours perçue comme un signe de stabilité. C'est le double standard! Même si les mœurs ont évolué, les modèles de carrière demeurent largement inchangés.

Les statistiques ne mentent pas. La moitié des mariages au Québec se concluront par un divorce. Cette réalité de la vie contemporaine représente un autre défi de taille pour les femmes. Ayant laissé passer les promotions, les mères monoparentales, souvent plus pauvres que leurs ex-conjoints, assument en grande partie la responsabilité de la garde des enfants, surtout s'ils sont encore en bas âge. Le prix à payer pour ces femmes est énorme. Les pertes sont également considérables pour la société, car le défi d'aujourd'hui et de demain pour les entreprises est bel et bien d'utiliser au maximum toutes les ressources professionnelles.

Il est temps que les choses changent

Il est temps que les choses changent, tant dans les entreprises qu'au sein des gouvernements, mais aussi chez les femmes elles-mêmes. Elles doivent apprendre à recourir à toutes les ressources et à tous les moyens mis à leur disposition – formation, mentorat, réseautage. Et elles doivent réclamer leur dû. Car le pouvoir leur appartient à elles aussi.

Ma formation de psychologue behavioriste a sûrement influencé mon regard sur cette problématique de même que les solutions que je propose, axées sur un changement des comportements et des pratiques. Ces solutions m'apparaissent essentielles si l'on veut que dans dix ans la situation se soit transformée de façon définitive.

Plusieurs grandes entreprises ont mis en place des programmes afin de remédier aux problèmes que représente la conciliation travail-famille : horaires flexibles, travail à temps partiel, télétravail, garderie, etc. Pourtant, les femmes n'arrivent pas à se dégager de ce fameux plancher collant ou encore à fracasser le plafond de verre.

On a longtemps cru que la situation allait évoluer d'elle-même et que les femmes, plus éduquées que jamais, allaient constituer un bassin de candidates compétentes qui graviraient naturellement les échelons de l'entreprise jusqu'au sommet. Pourtant, les candidates sont là, nombreuses, mais elles restent toujours sous-représentées, tant à la direction des entreprises que dans les conseils d'administration. Je rappelle que 40 % des entreprises canadiennes n'ont toujours pas de femmes dans leur conseil d'adminis- tration[199]. C'est la raison pour laquelle plusieurs gou- vernements ont décidé de légiférer.

Comme je n'ai de cesse de le répéter, il m'apparaît évident que sans une intervention gouvernementale patiente et énergique, la situation actuelle, trop confor- table pour les entreprises, va perdurer. Il faut que les gouvernements, tant au niveau provincial que fédéral, s'interrogent franchement afin de corriger cette situa- tion. Seule une action concertée, claire et courageuse saura la rectifier. Il faudra le faire non seulement pour défendre l'égalité entre hommes et femmes, mais aussi pour assurer la croissance économique du Québec. Le courage des gouvernements qui ont choisi de légi- férer doit nous inspirer et nous servir d'exemple afin de faire évoluer les pratiques et les comportements dans les entreprises. Devant une telle législation, les organi- sations n'auront pas d'autre choix que de prendre les moyens nécessaires pour y arriver. Mais au Québec, pour des raisons politiques et économiques que nous connaissons, le changement doit se faire en partenariat avec les autres provinces. Autrement, nous courons le risque de voir des entreprises, peu enclines à modifier leurs politiques de gestion et de recrutement, démé- nager ailleurs, sous des cieux moins contraignants!

Actuellement, la plupart des gouvernements dans le monde se sont engagés à légiférer. Et même notre voisin du sud pose des gestes en exigeant des entre- prises qu'elles divulguent leur politique quant à la diversité et au nombre de femmes qui siègent dans leur conseil d'administration.

La législation ouvrira des portes jusqu'ici fermées aux femmes. Cette nouvelle réalité contribuera à faire évoluer les mentalités dans la société, tant dans les entreprises que chez les femmes elles-mêmes, qui oseront davantage aller de l'avant dans leur carrière, sachant qu'elles seront soutenues dans leurs efforts. La présence des femmes apportera un regard nouveau sur les défis, changera la culture passive que connaissent plusieurs conseils d'administration et comblera, par leur savoir, des lacunes quant aux valeurs et au style corporatifs.

L'idée qu'il nous faut d'abord changer les attitudes avant les comportements a hélas échoué. Au contraire, c'est en changeant les comportements que de nouveaux apprentissages s'imposeront et, par le fait même, qu'une nouvelle compréhension des situations complexes apparaîtra. S'il a fallu légiférer pour imposer aux sociétés d'État la parité dans leur conseil d'administration, comment pouvons-nous imaginer qu'il en sera autrement pour les entreprises privées ? Pour ma part, je n'y crois pas.

Mesdames, je termine cet ouvrage en m'adressant à vous. Si ma carrière vous inspire, alors prenez-la en exemple et foncez. Saisissez les occasions sans hésiter. Si vous vous trompez, vous apprendrez de vos erreurs et vous serez meilleures. Le marché du travail évolue et vous offrira de plus en plus l'occasion de vous démarquer et de vous hisser au sommet sans les difficultés que vos aînées ont pu connaître. Le plafond de verre ne sera plus qu'une chose du passé et, au même titre que les hommes, vous pourrez participer pleinement à l'essor économique du Québec.

TÉMOIGNAGES INSPIRANTS

Après avoir longuement expliqué en quoi résidait l'écart entre les effectifs masculins et féminins au sein des conseils d'administration et des postes de direction dans les entreprises, j'aimerais maintenant faire le portrait de femmes qui ont réussi, malgré les circonstances, à se hisser au sommet. Ces femmes occupent toutes des postes de direction dans les plus grandes entreprises du Québec, dont certaines sont d'envergure internationale.

Afin de cerner les attitudes et les comportements qui m'apparaissent essentiels si l'on veut atteindre le sommet, j'ai interviewé dix femmes de carrière dont le parcours exceptionnel est non seulement une source d'inspiration, mais aussi un exemple concret de réussite pouvant alimenter vos réflexions sur la notion de pouvoir au féminin.

Ces dix femmes ont plusieurs points en commun. D'abord, toutes ont évolué dans un environnement largement masculin. Puis, un jour, elles ont accepté de relever un défi qui, en apparence, les dépassait. En somme, disent-elles, elles ont fait le saut. Il y a toujours une première fois pour diriger une équipe. Voilà le discours que la majorité d'entre elles m'ont tenu. Certaines ont gravi les échelons un à un, d'autres ont fait des bonds rapides, mais toutes ont pris des risques, dans certains cas très grands. De plus, le style de gestion de la majorité de ces femmes est rassembleur, basé sur l'idée que l'équipe constitue un atout majeur pour relever des défis. Toutes sont conscientes de l'importance du personnel qui les entoure et favorisent en général un leadership ouvert.

Les dix femmes dont je dresse le portrait sont parmi les plus influentes au Québec et au Canada. Dans la quarantaine ou la cinquantaine pour la plupart, ces femmes de carrière en plein essor n'ont pas fini de se distinguer et de nous éblouir.

MONIQUE F. LEROUX

Présidente et chef de la direction du Mouvement des caisses Desjardins

Monique F. Leroux occupe, depuis le 15 mars 2008, le poste de présidente et chef de la direction du Mouvement Desjardins, une institution financière québécoise qui gère des actifs de près de 190 milliards de dollars et qui compte 5,6 millions de membres. Elle est la première femme élue à la présidence de l'organisation fondée par Alphonse Desjardins en 1900. Elle est aussi la première femme à la tête d'une institution financière au Canada.

Depuis son arrivée chez Desjardins, Monique F. Leroux a apporté de nombreux changements, notamment en s'entourant de femmes de haut calibre. Près de 30 % des cadres supérieurs sont des femmes. Récemment, elle a remporté la première place du Top 25 de l'industrie financière du Québec pour l'année 2011 et elle a été nommée Personnalité financière de l'année par le magazine *Finance et Investissement*. Le 31 janvier 2012, elle a été réélue comme présidente pour un deuxième mandat qui se terminera en mars 2016.

Monique F. Leroux a connu un parcours professionnel très impressionnant, qu'elle doit avant tout à son caractère et à sa personnalité. Sa famille et les valeurs qui la caractérisent ont également marqué de façon indélébile son goût pour l'excellence. Tout au long de sa jeunesse, elle affiche beaucoup de détermination. Issue d'un milieu modeste, elle travaille avec acharnement et brille non seulement sur le plan scolaire, mais comme musicienne. Elle entreprend d'ailleurs des études au conservatoire de musique. Ses semaines se divisent en deux : trois jours à la polyvalente et deux jours au conservatoire de musique. Comme elle habite Boucherville, elle doit se rendre à Montréal, ce qui exige plusieurs heures de déplacement à l'époque. Selon Monique F. Leroux, cette expérience l'a presque immunisée contre le stress et a contribué à développer sa mémoire et sa résilience, des atouts importants pour occuper les fonctions qui sont siennes aujourd'hui. Elle aurait pu faire carrière comme soliste, mais elle n'avait pas, dit-elle, la dévotion que requiert un tel style de vie plutôt solitaire, étant donné les longues heures de répétition au piano. Mais elle avait franchi les étapes nécessaires pour envisager d'autres défis. Elle a finalement misé sur des études en administration et bâti sa carrière en établissant des contacts fructueux.

Plusieurs personnes, des hommes en particulier, ont vu en elle une femme dotée d'un grand potentiel qui ne s'est pas démenti avec les années. Elle a d'ailleurs eu quelques mentors au cours de sa carrière. Elle a aussi rencontré et travaillé avec des personnes qui l'ont conseillée et appuyée, notamment Paul-Gaston Tremblay (président de la Fondation de l'Université du Québec à Chicoutimi), H. Marcel Caron et Marcel Camirand de Clarkson Gordon/Ernst & Young, Émilien Bolduc (RBC) et de nombreux dirigeants chez

Desjardins, comme Suzanne Maisonneuve-Benoit, Madeleine Lapierre, Raymond Gagné, Jacques Sylvestre et Denis Paré.

Qu'est-ce qui, sur le plan professionnel, distingue cette femme pour qu'elle ait pu ainsi accéder à la plus haute fonction au sein d'une grande entreprise québécoise ? Pour Monique F. Leroux, tout problème devient une occasion à saisir pour ensuite décider et agir. Écouter les gens est aussi sa devise. Chercher conseil constitue son mode de fonctionnement. Apprendre des autres, coopérer et générer un climat d'ouverture et de travail d'équipe est la base de son quotidien. « Mais avant tout, insiste-t-elle, il faut rester fidèle à nos valeurs et à ce que nous sommes comme personne. »

NATHALIE BONDIL

Directrice et conservatrice en chef du Musée des beaux-arts de Montréal

Aujourd'hui âgée de 45 ans, Nathalie Bondil dirige le Musée des beaux-arts de Montréal depuis cinq ans déjà. Française d'origine, devenue Canadienne, elle est à la fois directrice depuis 2007 et conservatrice en chef depuis 2000.

Pour Nathalie Bondil, une des clés de la réussite est « le travail, toujours le travail. Les gens talentueux ne sont pas si rares, c'est la détermination qui fait la différence. C'est une justice, finalement ».

Un tantinet rebelle dans sa jeunesse, Nathalie Bondil refuse de faire des études pour voyager, au grand désespoir de sa famille qui valorise les grandes écoles et l'éducation en général. Début vingtaine, après avoir bûché de douze à quatorze heures par jour dans le domaine du cinéma, elle décide finalement d'entreprendre des études en histoire de l'art à l'École du Louvre. Spécialisée en art du XIXᵉ siècle et en histoire de la sculpture, elle réussit en 1994 le concours pour devenir conservatrice de l'École nationale du patrimoine, pour lequel seulement treize candidats sur un total de 800 sont choisis cette année-là. En 1999, son ancien professeur, Guy Cogeval, aujourd'hui à la tête du Musée d'Orsay, l'engage comme conservatrice de l'art européen au Musée des beaux-arts de Montréal. L'année suivante, elle devient conservatrice en chef.

Le père de Nathalie Bondil, un licencié en droit qui a évolué vers les plus hautes fonctions à la Société Générale, une institution financière française de grande envergure, a été un modèle. Ce *self-made man* lui a inculqué ses convictions sur l'importance du travail : « C'était un bosseur passionné par son métier », dit de lui sa fille, qui lui voue une grande admiration. Sa mère, également licenciée en droit, a plutôt préféré le rôle de mère au foyer, comme beaucoup de femmes de sa génération. Pour des raisons différentes, ses deux parents lui ont donc très tôt inculqué de fortes valeurs d'autonomie : être indépendante dans tous les sens du terme est une qualité fondamentale pour elle.

Tout comme Monique F. Leroux, Nathalie Bondil mise sur la curiosité, le risque et l'innovation. Rester allumée, rechercher l'intensité, voilà ce qui la motive : « Car au fur et à mesure que la vie avance, les portes se referment à cause de nos choix qui, comme un entonnoir, rétrécissent notre aire de vie. Rester ouvert, accepter la critique, dire oui, c'est toujours avancer dans des territoires inconnus. »

Surtout, l'engagement dans son métier à défendre, au-delà des contenus, des valeurs collectives et fédératrices, reste pour Nathalie Bondil le corollaire non pas tant de la réussite professionnelle mais d'un accomplissement personnel. Quand le travail n'en est plus un, la vie prime. Selon elle, « travail » apparaît comme un mot rébarbatif, car il est souvent opposé aux « loisirs » : pourtant, c'est avant tout un projet de vie. Ainsi, sa philosophie est sans équivoque basée sur la sincérité, l'ouverture et la détermination.

SOPHIE BROCHU

Présidente et chef de la direction de Gaz Métro

Cette femme de 49 ans occupe depuis février 2007 le poste de présidente et chef de la direction de Gaz Métro, un des plus importants distributeurs de gaz naturel au Canada, qui emploie au Québec près de 1 200 personnes. Au cours des cinq dernières années, Gaz Métro est également devenu un important distributeur d'électricité dans l'État du Vermont et s'est impliqué dans la construction de l'un des plus grands parcs éoliens au Canada.

Enfant, Sophie Brochu n'aimait pas l'école. Elle préférait jouer au hockey dans la rue et au baseball, avec les jeunes de son quartier, notamment un certain Louis Vachon, aujourd'hui président de la Banque Nationale. Née à Lévis d'un père qui lui a transmis le goût des finances et de la « business », comme elle se plaît à le dire, Sophie Brochu s'est mariée très jeune à un artiste entrepreneur avec qui elle partage toujours sa vie. Au collège, ils ont étudié ensemble le théâtre avec de jeunes comédiens alors en devenir, dont

Denis Bernard et Robert Lepage. Après un passage au conservatoire d'art dramatique, Sophie Brochu entame des études en économie à l'Université Laval et tombe littéralement en amour avec l'énergie. C'est au contact d'un professeur du département, Antoine Ayoub, Syrien d'origine, qu'elle saisit le caractère névralgique de l'énergie et la géopolitique de cette industrie mondiale. Elle commence sa carrière chez SOQUIP, la Société québécoise d'initiatives pétrolières, comme analyste financière. Puis, en 1997, elle entre au service de Gaz Métro, où elle dirigera différents secteurs avant d'en prendre la direction.

Sophie Brochu a reçu l'appui de plusieurs mentors dont Robert Tessier, à qui elle a succédé. Leader dans l'âme, Sophie Brochu aime à dire qu'elle s'entoure de gens «plus forts qu'elle» à qui elle donne les moyens et la latitude nécessaires pour atteindre les objectifs fixés par l'entreprise. La présidente et chef de la direction de Gaz Métro, qui siège également aux conseils d'administration de la Banque de Montréal et de BCE, croit fermement que les femmes seront beaucoup plus nombreuses dans l'avenir à occuper des fonctions de cadres supérieurs et à joindre les rangs des conseils d'administration.

JACYNTHE CÔTÉ

Présidente et chef de la direction de Rio Tinto Alcan

Née à Normandin au Lac-Saint-Jean, Jacynthe Côté est présidente et chef de la direction de Rio Tinto Alcan depuis 2009. Cette multinationale du métal qu'elle gère avec aplomb est active dans près de 27 pays et compte quelque 24 000 employés. Cette femme hors du commun est la première à s'être hissée au sommet d'une entreprise de cette envergure.

Jacynthe Côté a fait des études en chimie et a amorcé un MBA. Issue d'une famille de six enfants, elle a développé très jeune une autonomie qui l'a aidée dans son cheminement de carrière. Dans sa famille, l'éducation était perçue comme étant très importante, tout comme la musique.

Aujourd'hui, elle joue toujours du piano. Malgré ses horaires exigeants et ses nombreux déplacements, elle se maintient en forme en faisant du sport.

Jacynthe Côté a beaucoup hésité avant de relever certains défis. Par exemple, lorsqu'on lui a demandé d'assumer la direction de l'usine de Beauharnois, elle a d'abord refusé jusqu'à ce que son patron, Raynald D'Amour, la convainque que c'était un choix approprié.

Soucieuse de transmettre son expérience, Jacynthe Côté ne se gêne pas aujourd'hui pour conseiller des jeunes femmes et leur répéter que les années les plus difficiles sont celles où les enfants sont en bas âge, et qu'avec le temps, les choses vont s'améliorer. Mère de trois enfants tous jeunes adultes maintenant, Jacynthe Côté fait le tour du monde ou presque tous les mois. Lorsqu'elle voyage, elle maintient une communication constante avec ses enfants, que ce soit pour discuter d'un livre, acheté en double pour permettre à leur mère de suivre leur cheminement scolaire, pour les aider dans un travail de recherche ou tout simplement pour voir comment va la vie. Afin de faciliter l'organisation de la vie familiale, c'est son conjoint qui a choisi de rester à la maison. Le message d'optimisme de Jacynthe Côté à l'égard de la maternité et de la famille a de quoi rassurer toutes les femmes de carrière.

ISABELLE HUDON

Présidente de la Financière Sun Life, Québec

Depuis août 2010, Isabelle Hudon occupe le poste de présidente de la Financière Sun Life pour le Québec. Son rôle principal consiste à assurer l'expansion des activités de cette entreprise dans la province.

Âgée de 45 ans, Isabelle Hudon a relevé de nombreux défis tout au long de sa carrière. Aujourd'hui, elle est l'une des rares femmes québécoises francophones dans un milieu d'hommes canadiens anglophones, et le poste qu'elle occupe ne l'intimide pas. Elle avoue d'ailleurs candidement qu'elle a relevé toute sa vie des défis dans des domaines qu'elle connaissait à peine. Par exemple, à l'âge de 34 ans, lorsqu'on lui a offert le poste de directrice de la Chambre de commerce du Montréal métropolitain, elle admet que, même si elle n'avait pas tout le bagage nécessaire, elle a foncé. Il en a été de même lorsqu'elle a accepté la direction de l'agence de publicité Marketel, alors qu'elle n'avait jamais dirigé une PME. Et que dire de son rôle de présidente du conseil d'administration de l'UQAM, elle qui ne détient aucun diplôme universitaire!

Issue d'un milieu traditionnel où les garçons allaient à l'université et les filles, elles, peut-être, si elles le voulaient bien, Isabelle a vite su trouver son camp. Son père, un homme politique au sein du gouvernement fédéral, lui a transmis le goût du bien public. Sa mère lui a inculqué des valeurs de générosité et de compassion.

Isabelle Hudon est ce qu'on peut appeler une *self-made woman* un peu rebelle. N'ayant pas trouvé le milieu scolaire séduisant, elle a préféré l'action dans les défis qui se sont présentés à elle. Tout ce qui est traditionnel lui déplaît en général, et c'est dans le travail qu'elle puise sa plus grande source de satisfaction. D'ailleurs, c'est sa seule priorité ou presque. Pour elle, le travail est vital.

La confiance que les patrons d'Isabelle Hudon lui ont témoignée est à la base de sa carrière. D'abord, la ministre Monique Landry, alors à la tête de l'Agence canadienne de développement international (ACDI), l'a nommée comme attachée de presse dans un environnement plutôt agressif, lui permettant ainsi de voyager dans presque tous les pays en voie de développement. Elle a aussi été responsable des communications pour Monique Lefebvre, alors présidente du comité de transition pour assurer les fusions municipales, qui lui a appris la rigueur et la reconnaissance. Kevin Dougherty, l'actuel président de la Financière Sun Life, lui a aussi fait confiance en lui proposant le poste prestigieux qu'elle occupe aujourd'hui.

Contrairement à bien des femmes qui hésitent avant de plonger, Isabelle Hudon l'a toujours fait sans hésiter. Pour elle, tout est possible, bien qu'elle se sente parfois à moitié prête. Et surtout, elle ne craint pas les échecs. Aujourd'hui, il est clair que son audace l'a bien servie. Elle est l'exemple à donner pour convaincre toutes les femmes de carrière de ne pas hésiter avant d'accepter une promotion.

Selon elle, les femmes sont en partie responsables de leur sous-représentation dans les postes de direction, car elles hésitent trop souvent à faire le saut. « Faites confiance à la vie, car nous avons tous un parachute dans le dos. Et si ça ne fonctionne pas, il y a toujours autre chose qui nous attend. »

MARTINE IRMAN

Première vice-présidente à la direction de Valeurs Mobilières TD

Depuis l'âge de 35 ans, Martine Irman occupe le poste de première vice-présidente du Groupe Banque TD.

Provenant d'une famille franco-québécoise de deux enfants, Martine Irman détient un baccalauréat en économie et finances de l'Université de Western Ontario, de même qu'un diplôme de la Wharton Business School de l'Université de Pennsylvanie.

Tout au long de sa carrière, Martine Irman a su relever de nombreux défis, et ainsi obtenir la reconnaissance de ses supérieurs, à la Banque TD comme chez son employeur précédent, CCL Industries. Son expérience chez CCL Industries lui a d'ailleurs permis de développer une foule d'expertises dans différents domaines financiers, y compris la mise en marché de produits.

Martine Irman n'a pas d'enfants, mais elle consacre de longues heures au bénévolat chaque semaine. Très jeune, et pendant plus de huit ans, elle s'est entraînée cinq heures par jour, six jours par semaine afin de pouvoir faire partie de l'équipe nationale de natation du Canada. Ce défi, croit-elle, lui a donné l'énergie, la force et la détermination qu'on lui connaît aujourd'hui.

Cette femme déterminée a le sens du travail et comprend ce que signifie faire partie d'une équipe. Aider les autres à apprendre et à franchir les étapes nécessaires pour obtenir une promotion fait partie de son discours et de ses convictions. Martine Irman est une rassembleuse. Ce que son patron, Robert Dorrance, président du conseil, chef de la direction et président de Valeurs Mobilières TD, a su reconnaître en elle. Elle a également la réputation de mentor auprès des femmes qui évoluent dans le secteur financier.

MARIE-JOSÉ NADEAU

VICE-PRÉSIDENTE EXÉCUTIVE AUX AFFAIRES CORPORATIVES ET SECRÉTAIRE GÉNÉRALE D'HYDRO-QUÉBEC

Avocate de formation, Marie-José Nadeau est issue d'une famille comptant trois générations d'avocats. Véritables sources d'inspiration pour elle, ses parents lui ont transmis l'importance du travail bien fait et du respect de soi-même et des autres.

Après avoir terminé ses études en droit à l'Université d'Ottawa, Marie-José Nadeau a complété une maîtrise en droit administratif dans le domaine des ressources naturelles. Cela a été déterminant dans le développement de sa carrière et de son futur travail chez Hydro-Québec. Après ses études, elle a travaillé à la Cour suprême du Canada, de même qu'au ministère de l'Environnement à Ottawa. Depuis 1993, elle travaille chez Hydro-Québec où elle a occupé plusieurs postes. Aujourd'hui, elle est vice-présidente exécutive aux Affaires corporatives et secrétaire générale d'Hydro-Québec.

Marie-José Nadeau n'a pas hésité à prendre des risques tout au long de sa carrière. Dès que les choses lui semblent devenir trop confortables, elle relève de nouveaux défis en visant une amélioration continue. Pour elle, respecter les organisations pour lesquelles on travaille et l'équipe qui nous entoure est capital.

La loyauté doit demeurer la clé de son propre développement. L'exercice du pouvoir, selon elle, doit être subtil et bien dosé.

Plusieurs personnes ont fait confiance à Marie-José Nadeau au cours des années, dont l'ancien président d'Hydro-Québec Richard Drouin, qui l'a recrutée. Les successeurs de Me Drouin à la présidence, André Caillé et Thierry Vandal, ont eu la même certitude à son égard. Garder la confiance et le respect des gens pour qui elle travaille est très certainement ce qui importe le plus pour Marie-José Nadeau.

LOUISE ROY

Présidente du Conseil des arts de Montréal

Issue d'une famille de classe moyenne de Québec, Louise Roy est fille unique. Son grand-père figure parmi les fondateurs de la psychiatrie moderne de la capitale. Ayant quitté Québec alors qu'elle n'avait que huit ans, elle se considère davantage comme une Montréalaise. Soucieux de lui donner la meilleure éducation qui soit, le père de Louise Roy a tout mis en œuvre afin d'assurer la réussite de sa fille.

Diplômée en sociologie de l'Université de Montréal, Louise Roy a complété ses études de doctorat à l'Université Madison au Wisconsin. Happée par le travail, elle n'a jamais pu terminer sa thèse.

Louise Roy est avant tout une femme d'action. Au cours de ses études universitaires, elle se passionne pour les questions urbaines, ce qui la prédestinait à occuper le poste qui a changé sa vie et son plan de carrière. Pendant dix ans, elle occupe ainsi des fonctions liées au développement urbain et au transport. Puis, à la faveur d'une opportunité de carrière sans précédent, elle fait un saut gigantesque en acceptant le poste de présidente-directrice générale de la Société de transport de Montréal (STM), une organisation très militante sur le plan syndical, qui compte près de 8 000 employés et un budget de 800 millions de dollars. « J'ai plongé », dit-elle de ce geste audacieux, d'autant plus qu'elle devait transformer complètement la composition du conseil d'administration, et cela en moins d'un an, et s'attaquer au climat de travail d'une grande entreprise publique.

Contrairement à beaucoup d'autres femmes qui se sont hissées au sommet, Louise Roy n'a pas eu de mentors. « Au contraire, dit-elle, cela m'a manqué. »

La présidence de la STM fut un tremplin pour elle, car des postes tout aussi prestigieux se sont succédé.

Elle a notamment accepté le poste de vice-présidente responsable des Amériques chez Air France à Paris. Auparavant, elle a occupé la vice-présidence principale pour la Corporation du Groupe La Laurentienne, sa première expérience dans le secteur privé. Elle a ensuite pris la tête de Télémédia, un poste que lui a offert Philippe de Gaspé Beaubien. Puis, entre 2000 et 2003, elle devient vice-présidente senior de l'Association du transport aérien international (IATA). Depuis 2006, elle assume la présidence du Conseil des arts de Montréal et depuis 2008, la présidence du conseil d'administration de l'Université de Montréal dont elle est la première femme chancelière. À ce parcours extraordinaire s'ajoutent quelques arrêts, dont un à CIRANO, un centre interuniversitaire de recherche, de liaison et de transfert des savoirs.

Louise Roy a un sens inné du leadership. Déjà durant ses études, elle a été présidente du collège et responsable du journal étudiant. Douée pour les communications, elle sait être proche des gens, c'est une femme de terrain. Aux jeunes femmes, elle conseille : « Il faut plonger. Si on fait des erreurs – j'en ai fait beaucoup –, on apprend plus de celles-ci que de ses succès. »

SYLVIE VACHON

PRÉSIDENTE ET CHEF DE LA DIRECTION DE
L'ADMINISTRATION PORTUAIRE DE MONTRÉAL

Sylvie Vachon évolue dans un monde d'hommes. Avec un budget de 90 millions de dollars et quelque 250 salariés, le port de Montréal est au cœur du développement économique de la ville et une institution de première importance pour le Québec.

Née à Sherbrooke, Sylvie Vachon est la cadette d'une famille de cinq enfants. Malgré les revenus modestes de ses parents, elle a fréquenté l'école privée au secondaire et a fait ses études universitaires dans sa ville natale en administration. Diplôme en poche, elle commence sa carrière chez Sears. Après un court passage dans la fonction publique, elle est embauchée par MIL Vickers, une expérience difficile puisque l'entreprise ferme ses portes, mais riche sur le plan professionnel. En 1990, elle entre au service du port de Montréal.

Pour des raisons familiales, Sylvie Vachon a d'abord refusé de poser sa candidature pour le poste de PDG devenu vacant. Son fils entrait alors au secondaire et elle voulait être présente pour lui et sa famille.

Pourtant, le président sortant, Dominic Taddeo, avait vu en elle le talent et les qualités nécessaires pour grandir au sein de l'entreprise. D'ailleurs, cet homme a toujours été un dirigeant pour qui la présence des femmes ne constituait pas un problème. Pressentie comme relève au sein de la direction, Sylvie Vachon a été nommée vice-présidente des ressources humaines. Elle part en congé de maternité pour la naissance de son deuxième enfant et, peu après son retour, est promue au poste de vice-présidente de l'administration et des ressources humaines. Poste qu'elle occupe pendant plusieurs années.

Une autre occasion se présente lorsque le poste de PDG devient disponible ; elle ne postule pas. Le candidat désigné pour succéder au président demeure en poste dix-huit mois seulement. Au départ de ce dernier, Sylvie Vachon assure donc l'intérim, mais cette fois, elle passe à l'action. Elle obtient le poste de présidente et chef de la direction en 2009, une première pour le port de Montréal.

Sylvie Vachon n'a jamais senti de discrimination à son endroit. Au contraire, c'est elle qui s'est imposé de la retenue malgré l'appui de son patron, qui lui avait confié notamment les finances et l'immobilier, des secteurs importants dans toute entreprise.

Au final, c'est son instinct et son expérience qui l'ont guidée pour accepter de relever un tel défi.

ANNE-MARIE HUBERT

Associée directrice des Services consultatifs chez Ernst & Young Canada

Anne-Marie Hubert travaille au sein d'Ernst & Young, une entreprise internationale proposant des services de certification et de fiscalité, des services transactionnels et des services consultatifs, qui compte quelque 150 000 employés. Elle s'est jointe à la société en 1985, est devenue associée en 1998, puis elle a été nommée au poste d'associée directrice des Services consultatifs en 2009.

Issue d'une famille comptant quatre garçons et une fille, Anne-Marie Hubert n'a jamais senti un traitement différent entre elle et ses frères de la part de ses parents. Il était clair pour ces derniers qu'Anne-Marie, tout comme ses frères, ferait des études universitaires. Elle a choisi l'administration et elle est aujourd'hui Fellow de l'Ordre des comptables agréés du Québec. Mère de trois enfants, elle a su marier carrière et vie familiale sans pénaliser l'une ou l'autre. Anne-Marie Hubert croit qu'il est fondamental de respecter nos valeurs et les principes qui guident notre vie.

Pour cette femme âgée de 48 ans, il n'y a rien de mal à être ambitieuse. Au contraire, il faut nourrir son ambition, car elle est non seulement acceptable, mais essentielle pour faire progresser sa carrière. À cet égard, Anne-Marie n'a pas hésité à s'expatrier pour accepter un poste en France, à Lyon, une expérience qui l'a beaucoup marquée. En 2009, 2010 et 2011, elle a figuré dans le prestigieux palmarès « Top 100 : les Canadiennes les plus influentes ». Ce palmarès rend hommage aux femmes de partout au Canada qui se sont distinguées comme leaders dans le secteur privé, le secteur public ou celui des organismes sans but lucratif.

Pour elle, le leadership est indissociable d'un travail d'équipe basé sur le respect des individus, sur l'équité et sur la nécessité de motiver les gens avec qui on travaille. Un employé peut faire la différence non seulement pour les clients, mais aussi pour ses collègues.

En ce qui concerne la situation professionnelle des femmes, Anne-Marie Hubert trouve incroyable l'écart de salaire entre les hommes et les femmes. Elle s'indigne notamment du fait que même lorsque les hommes occupent des postes dans des secteurs largement féminisés, ils reçoivent un meilleur salaire que les femmes. Selon elle, trois facteurs expliquent cet état de choses. Premièrement, la conciliation travail-famille demeure encore un enjeu qui touche majoritairement les femmes. Que ce soit elles ou non qui s'absentent plus fréquemment du travail ou qui prennent le congé parental, on présume encore trop souvent qu'elles sont moins motivées et moins disponibles, et on hésite parfois à leur donner des mandats plus exigeants qui leur permettraient de se démarquer. Deuxièmement, les femmes ont tendance plus que les hommes à sous-estimer leurs compétences, leurs réalisations et leurs accomplissements. Troisièmement, elles n'ont aucun souci à parler des accomplissements de leurs collègues, mais hésitent à parler des leurs. Elles présument que leur supérieur reconnaîtra d'emblée la qualité de leur travail et que, par conséquent, il leur proposera tout naturellement une augmentation ou une promotion quand le temps viendra. Naïvement, elles attendent que leur tour vienne, alors que les hommes ne se privent pas pour aborder la question de leur performance et de leur salaire avant leur patron, ce que tout le monde trouve correct et normal. Il est temps, selon elle, que les choses changent!

REMERCIEMENTS

Je tiens à remercier CIRANO, et en particulier son président, Claude Montmarquette, qui a cru en cet ouvrage et qui, tout au long de son écriture, m'a soutenue en me fournissant l'aide nécessaire et en me disant les bons mots d'encouragement aux moments opportuns. Je le remercie tout particulièrement pour son génie d'être l'auteur du titre du livre, qui lui est venu spontanément lors d'une de nos rencontres.

Je veux remercier deux collaborateurs : Robert Dyotte, qui fut présent au tout début pour m'aider à organiser cet essai, et dont la plume talentueuse a périodiquement enrichi la qualité de l'écriture. Je désire aussi remercier Stéphanie Boulanger, qui a nourri la recherche et fut un appui remarquable : elle mérite toute ma reconnaissance.

Merci à François Vaillancourt, qui a insisté et insisté pour que j'amorce ce livre, malgré mes résistances profondes d'entreprendre un tel projet.

Ma fille Élise a joué un rôle important en me proposant les bons filons, notamment deux ouvrages qui m'ont immédiatement passionnée et convaincue de commencer la recherche nécessaire. Merci à mon mari, Claude, qui a cru en ce livre et qui a su trouver les mots justes pour éviter que je ne jette le manuscrit dans le lac Archambault lors de moments de fatigue et d'exaspération.

Merci aussi aux dix femmes qui ont accepté de me recevoir et de me confier certains volets de leur cheminement professionnel. Merci à Monique F. Leroux, Nathalie Bondil, Sophie Brochu, Jacynthe Côté, Isabelle Hudon, Martine Irman, Marie-José Nadeau, Louise Roy, Sylvie Vachon et Anne-Marie Hubert.

Enfin, je veux remercier le Groupe Librex et les Éditions Stanké, plus précisément André Bastien et Lison Lescarbeau, ces anges qui ont immédiatement aimé le manuscrit lors de notre première rencontre. Leur enthousiasme fut le déclencheur du dénouement heureux de ce projet, une démarche qui fut des plus exaltantes et enrichissantes. Merci à toute l'équipe du Groupe Librex, qui m'a fourni l'appui nécessaire afin qu'aujourd'hui ce livre soit bel et bien terminé. Un merci spécial à Nathalie Savaria, qui l'a relu tant de fois, qui a corrigé les répétitions et réorganisé avec Lison Lescarbeau certains chapitres, ainsi qu'à Marie-Eve Gélinas, directrice littéraire. Jean Baril et Patricia Huot se sont assurés de la distribution et de la diffusion du message, je les remercie tous les deux.

Merci à Michèle Bazin de m'avoir proposé les Éditions Stanké. Elle a sauvé le manuscrit d'une noyade certaine.

NOTES

INTRODUCTION

1. Statistique Canada, *Enquête sur la population active*, tableau CANSIM 282-0001, mai 2012.
2. Ministère de l'Éducation, du Loisir et du Sport, *Indicateurs de l'éducation, édition 2010*, Québec, 2010, p. 106.
3. Catalyst, *Canadian Women in Business*, [http://www.catalyst.org/publication/198/canadian-women-in-business], juillet 2012.
4. *Ibid.*
5. *Ibid.*
6. *Ibid.*
7. Association des banquiers canadiens, *Faits saillants du système bancaire canadien*, [http://www.cba.ca/fr/media-room/50-backgrounders-on-banking-issues/467-fast-facts-the-canadian-banking-system], juillet 2012.
8. Institut de la statistique du Québec, *Perspectives démographiques du Québec et des régions, 2006-2056, édition 2009*, juillet 2009, p. 37.
9. *Ibid.*
10. Hindle, T., « Help Wanted : Women for Europe's Boards », *The Korn/Ferry Institute Briefings on Talent & Leadership*, n° 8, 2011, p. 26-27.
11. Gouvernement du Québec, *La parité entre les femmes et les hommes est atteinte*, [http://www.premier-ministre.gouv.

qc.ca/actualites/communiques/2011/novembre/2011-11-30a.
asp], 30 novembre 2011.

Chapitre 1

12. Fortin, P., « La Révolution tranquille et l'économie : Où étions-nous, qu'avons-nous accompli, que nous reste-t-il à faire ? », Conférence présentée dans la série *La Révolution tranquille, 50 ans d'héritages*, 2010, p. 16.
13. Le Bourdais, C. et Desrosiers, H., « Les femmes et l'emploi. Une analyse de la discontinuité des trajectoires féminines », *Recherches féministes*, vol. 3, n° 1, 1990, p. 119.
14. Institut de la statistique du Québec, *Le bilan démographique du Québec, édition 2011*, décembre 2011, p. 38.
15. Ministère de l'Éducation, du Loisir et du Sport, *op. cit.*, p. 106.
16. *Ibid.*, p. 107.
17. Organisation de Coopération et de Développement Économiques, *Regards sur l'éducation 2007 : Les indicateurs de l'OCDE*, 2007, tableaux A1.3b et A1.3c.
18. Ministère de l'Éducation, du Loisir et du Sport, *op. cit.*, p. 97.
19. « Women in the Workforce : Female Power », *The Economist*, 2 janvier 2010, p. 51.
20. *Idem.*
21. *Idem.*
22. Statistique Canada, *Enquête sur l'emploi, la rémunération et les heures de travail*, 2009.
23. Eurostat, repris dans « Women in the Workforce : Female Power », *op. cit.*, p. 49.
24. Ferrao, V., *Femmes au Canada : Rapport statistique fondé sur le sexe*, sixième édition, Ottawa, Statistique Canada, décembre 2010, n° 89-503-X, p. 5.
25. Bureau of Labor Statistics, cité dans Families and Work Institute, *2008 National Study of the Changing Workforce – Times are changing : Gender and Generation at Work and at Home*, 2009, p. 4.
26. Statistique Canada, *Enquête sur la population active*, tableau CANSIM 282-0001 (estimation selon le sexe et le groupe d'âge détaillé, annuel), mai 2012.
27. Ferrao, V., *op. cit.*, p. 8.
28. *Ibid.*, p. 10.
29. *Ibid.*, p. 12.
30. Rosin, H., « The End of Men », *The Atlantic*, juillet/août 2010, p. 5.
31. *Ibid.*, p. 12.

CHAPITRE 2

32. Ferrao, V., *op. cit.*, p. 23.
33. Institut de la statistique du Québec, *Les 10 principales professions à forte dominante féminine (effectif ≥ 90 %) en 2006 selon le rang en 1991, Québec, 1991 et 2006*, février 2010.
34. Institut de la statistique du Québec, *Les 10 principales professions à forte dominante masculine (effectif ≥ 90 %) en 2006 selon le rang en 1991, Québec, 1991 et 2006*, février 2010.
35. *Ibid.*
36. Statistique Canada, *Enquête sur la population active*, tableau CANSIM 282-0001 (estimations selon la Classification nationale des professions pour statistiques [CNP-S] et le sexe), mai 2012.
37. *Ibid.*
38. Institut de la statistique du Québec, *Rémunération hebdomadaire moyenne des femmes (employées) selon diverses caractéristiques, moyennes annuelles, Québec, 2008-2011* et *Rémunération hebdomadaire moyenne des hommes (employés) selon diverses caractéristiques, moyennes annuelles, Québec, 2008-2011*, janvier 2012.
39. *Ibid.*
40. Statistique Canada, *Enquête sur la population active*, tableau CANSIM 282-0070 (estimation du salaire des employés selon le genre de travail, la Classification nationale des professions pour statistiques [CNP-S], le sexe et le groupe d'âge), mai 2012.
41. *Ibid.*
42. Commission de l'équité salariale du Québec, *La Loi sur l'équité salariale : Reconnaître le travail féminin à sa juste valeur*, « À propos de la Loi sur l'équité salariale », [http://www.ces.gouv.qc.ca/apropos/loi.asp], juin 2009.
43. Institut de la statistique du Québec, *Rémunération hebdomadaire moyenne des femmes (employées) selon diverses caractéristiques, moyennes annuelles, Québec, 2008-2011* et *Rémunération hebdomadaire moyenne des hommes (employés) selon diverses caractéristiques, moyennes annuelles, Québec, 2008-2011*, janvier 2012.
44. *Ibid.*
45. *Ibid.*
46. Ipsos Public Affairs / GEF, *Le parcours professionnel des diplômé(e)s de grandes écoles - Regards croisés hommes/femmes*, février 2007, p. 16.
47. Institut de la statistique du Québec, *Vers l'égalité entre les hommes et les femmes : Comparaison Europe-Amérique du Nord*, mai 2009, p. 76-77.

48. Carter, N.M. et Silva, C., *Pipeline's Broken Promise*, New York, Catalyst, 2010, p. 3-4.

49. *Ibid.*, p. 3.

50. *Ibid.*

51. *Ibid.*, p. 4.

52. Oakley, J., « Gender-based Barriers to Senior Management Positions : Understanding the Scarcity of Female CEOs », *Journal of Business Ethics*, n° 27, p. 324.

53. Dezso, C.L. et Ross, D.G., *Girl Power : Female Participation in Top Management and Firm Performance*, août 2008, p. 2.

54. Catalyst, *Canadian Women in Business*, op. cit.

55. Catalyst, *Women on Boards*, [http://www.catalyst.org/publication/433/], août 2012.

56. Conseil du statut de la femme, *La Gouvernance des entreprises au Québec : où sont les femmes ?*, Québec, décembre 2010, p. 35.

57. *Ibid.*, p. 39.

58. *Ibid.*

59. Spencer Stuart, *Canadian Spencer Stuart Board Index : Board Trends and Practices at Leading Canadian Companies 2007*, cité dans Conseil du statut de la femme, *La Gouvernance des entreprises au Québec : où sont les femmes ?, op. cit.*, p. 25.

60. *Ibid.*

61. Catalyst, *2009 Catalyst Census : Financial Post 500 Women Board Directors*, 2010, p. 1.

62. Gouvernement du Québec, *La parité entre les femmes et les hommes est atteinte, op. cit.*

63. Howard, A. et Wellins, R.S., *Holding Women Back. Troubling Discoveries – And Best Practices for Helping Female Leaders Succeed*, DDI, 2009, p. 11-14.

64. Amrhar, B., « L'entrepreneurship féminin : Essai de conceptualisation », cahier de recherche n° 2001-04, HEC, mai 2001, p. 12.

Chapitre 3

65. Catalyst, *Women and Men in U.S. Corporate Leadership – Same Workplace, Different Realities ?*, 2004, p. 14.

66. *Ibid.*, p. 15.

67. *Ibid.*

68. Lyness, K.S. et Thompson, D.E., « Climbing the corporate ladder : Do female and male executives follow the same route ? », *Journal of Applied Psychology*, vol. 85, n° 1, février 2000, p. 88.

69. Oakley, J., *op. cit.*, p. 322.

70. Catalyst, *Women and Men in U.S. Corporate Leadership – Same Workplace, Different Realities ?, op. cit.*, p. 17.

71. Eagly, A.H. et Carli, L.L., *Through the Labyrinth: The Truth about how Women become Leaders*, Harvard Business School Press, 2007, p. 148.

72. Eagly, A.H. et Carli, L.L., «Women and the Labyrinth of Leadership», *Harvard Business Review*, vol. 85, n° 9, septembre 2007, p. 67.

73. *Ibid.*, p. 68.

74. Eagly, A.H. et Carli, L.L., *Through the Labyrinth: The Truth about how Women become Leaders, op. cit.*, p. 147.

75. Oakley, J., *op. cit.*, p. 323.
    Lyness, K.S. et Thompson, D.E., *op. cit.*, p. 86, 88-90, 92-93.

76. Lyness, K.S. et Thompson, D.E., *op. cit.*

77. Eagly, A.H. et Carli, L.L., *Through the Labyrinth: The Truth about how Women become Leaders, op. cit.*, p. 148.

78. Orser, B., *Creating High-Performance Organizations: Leveraging Women's Leadership*, The Conference Board of Canada, juin 2000, p. 14.

Chapitre 4

79. Estimation réalisée à partir des données de l'Institut de la statistique du Québec, *Le bilan démographique du Québec, édition 2011*, [http://www.stat.gouv.qc.ca/publications/demograp/pdf2011/bilan2011.pdf].

80. Bureau international du Travail, *La maternité au travail: Une revue de la législation nationale – Résultats de la Base de données de l'OIT sur les lois relatives aux conditions de travail et de l'emploi*, 2ᵉ édition, 2010, p. 14, 18, 62.

81. Catalyst, *Women and Men in U.S. Corporate Leadership – Same Workplace, Different Realities?, op. cit.*, p. 28-29.

82. *Ibid*, p. 29.

83. Hewlett, S.A., *Off-Ramps and On-Ramps: Keeping Talented Women on the Road to Success*, Boston, Harvard Business School Press, 2007, p. 32-33.

84. *Ibid.*, p. 33.

85. *Ibid.*, p. 34.

86. *Ibid.*, p. 37.

87. *Ibid.*

88. Hakim, C., *Feminist Myths and Magic Medicine: flawed thinking behind calls for further equality legislation*, Centre for Policy Studies, janvier 2011.

89. Ministère de la Famille et des Aînés, «Vivre en famille», [http://www.mfa.gouv.qc.ca/fr/publication/Documents/Vivre_en_famille.pdf], octobre 2007, p. 1.

90. Hewlett, S.A., *op. cit.*, p. 39.

91. *Ibid.*, p. 29.

92. *Ibid.*, p. 40-41.
93. *Ibid.*, p. 43.
94. *Ibid.*, p. 46.
95. Waldfogel, J. et Harkness, S., *The family gap in pay: Evidence from seven industrialised countries*, London School of Economics, novembre 1999, tableau 3.
96. Hewlett, S.A., *op. cit.*, p. 46-47.
97. *Ibid.*, p. 14.
98. *Ibid.*, p. 13-14.
99. *Ibid.*, p. 7.
100. *Ibid.*, p. 31.
101. *Ibid.*, p. 49.

CHAPITRE 5

102. McKinsey & Company, *Women Matter – La mixité, levier de performance de l'entreprise*, Paris, 2007, p. 12.
103. Landrieux-Kartochian, S., « Femmes et performance des entreprises, l'émergence d'une nouvelle problématique », *Travail et Emploi*, n° 102, avril-juin 2005, p. 14.
104. Ernst & Young, *Groundbreakers. Using the strength of women to rebuild the world economy*, 2009.
105. Millmore, M., Biggs, D., Morse, L., « Gender differences within 360-degree managerial performance appraisals », *Women in Management Review*, vol. 22, n° 7, 2007, p. 545.
106. Mayo, M. et Pastor, J.C., *Workgroup Gender Diversity and Charismatic Leadership: Asymetric Effects Among Men and Women*, 2005, p. 11.
107. McKinsey & Company, *Women Matter 3 – Le leadership au féminin, un atout face à la crise et pour la reprise*, Paris, 2009, p. 4.
108. The Conference Board of Canada, *Creating High-Performance Organizations. Leveraging Women's Leadership, op. cit*, p. 9.
    Kabacoff, R. et Peters, H., *The Way Women and Men Lead – Different, but Equally Effective*, Management Research Group, 2010, p. 5.
    De Luis-Carnicer, P., Martinez-Sanchez, A., Pérez-Pérez, M., « Gender diversity in management: curvilinear relationship to reconcile findings », *Gender in Management: An International Journal*, vol. 23, n° 8, 2008, p. 586.
109. The Conference Board of Canada, *Creating High-Performance Organizations. Leveraging Women's Leadership, op. cit.*, p. 9.
110. The Conference Board of Canada, *Women on Boards. Not just the Right Thing… But the Bright Thing*, Ottawa, 2002, p. 13.
111. *Ibid.*

112. Adams, R.B. et Ferreira, D., « Women in the boardroom and their impact on governance and performance », *Journal of Financial Economics*, n° 94, p. 300.

113. Gul, F. A., Srinidhi, B., Tsui, J., *Board Diversity and the Demand for Higher Audit Effort*, The Hong Kong Polytechnic University, School of Accounting and Finance, Hong Kong, février 2008, p. 2.

114. Adams, R.B. et Ferreira, D., *op. cit.*, p. 300.

115. *Ibid.*, p. 297.

116. The Conference Board of Canada, *Women on Boards : Not Just the Right Thing... But the Bright Thing, op. cit.*, p. 9-10.

117. McKinsey & Company, *Women Matter – La mixité, levier de performance de l'entreprise, op. cit.*, p. 12.

118. Landrieux-Kartochian, S., *op. cit.*, p. 15-16.
McKinsey & Company, *Women Matter – La mixité, levier de performance de l'entreprise, op. cit.*, p. 11.

119. McKinsey & Company. *Women Matter – La mixité, levier de performance de l'entreprise, op. cit.*, p. 11.

120. Catalyst, *The CEO View : Women on Corporate Boards*, New York, 1995, p. 30.

CHAPITRE 6

121. Catalyst, *The Bottom Line : Connecting Corporate Performance and Gender Diversity*, New York, 2004, p. 1-2.

122. *Ibid.*

123. McKinsey & Company, *Women·Matter – La mixité, levier de performance de l'entreprise, op. cit.*, p. 14.

124. Adler, R.D., *Women in the Executive Suite Correlate to High Profits*, European Project on Equal Pay, Bruxelles, Commission européenne, 2001, p. 5.

125. *Ibid.*

126. Kotiranta, A., Kovalainen, A., Rouvinen, P., *Female Leadership and Firm Profitability*, Helsinki, Finish Business and Policy Forum, analyse EVA, n° 3, septembre 2007, p. 3.

127. Belghiti-Mahut, S. et Lafont, A.-L., *Présence des femmes dans le top management et performance financière des entreprises : une étude exploratoire*, Toulouse, XXᵉ Congrès annuel de l'AGRH, 2009, p. 15-16.

128. The Conference Board of Canada, *Women on Boards. Not just the Right Thing... But the Bright Thing, op. cit.*, p. 12.

129. Randøy, T., Thomsen, S., Oxelheim, L., *A Nordic Perspective on Corporate Board Diversity*, novembre 2006, p. 10.

130. *Ibid.*, p. 24.

131. Hindle, T., *op. cit.*, p. 26.

132. Ahern, K.R. et Dittmar, A.K., *The changing of the boards: The value effect of a massive exogenous shock,* Ann Arbor, University of Michigan, 2010.

133. Commission européenne, *The Business Case for Diversity: Good Practices in the Workplace,* septembre 2005, p. 20.

134. Francoeur, C., Labelle, R., Sinclair-Desgagné, B., « Gender Diversity in Corporate Governance and Top Management », *Journal of Business Ethics,* n° 81, 2008, p. 84.

135. *Ibid.*

136. McKinsey & Company, *Women Matter – La mixité, levier de performance de l'entreprise, op. cit.,* p. 12-14.

137. *Ibid.,* p. 14.

138. McKinsey & Company, *Women Matter 3 – Le leadership au féminin, un atout face à la crise et pour la reprise, op. cit.,* p. 12.

139. *Ibid.,* p. 5.

140. *Ibid.,* p. 4-5.

CHAPITRE 7

141. Duxbury, L. et Higgins, C., *Enquête nationale sur le conflit entre le travail et la vie personnelle (2001), rapport 1,* mars 2002, p. 46.

142. *Ibid.,* p. 70.

143. Higgins, C., Duxbury, L., Johnson, K., *Rapport n° 3: Examen du conflit entre le travail et la vie personnelle et des contraintes qu'il exerce sur le système de santé canadien,* mars 2004, p. 28.

144. Cloutier, L., *Conciliation famille-travail au Québec – L'expérience parentale: Pression du temps et ajustements professionnels,* Colloque sur la Conciliation famille-travail, Université Paris 1, Paris, 2010, p. 24.

145. Higgins, C., Duxbury, L., Lyons, S., *Réduire le conflit entre le travail et la vie personnelle: Quoi faire? Quoi éviter?,* Santé Canada, 2008, p. 9, 20.

146. *Ibid.,* p. 14.

147. *Ibid.,* p. 10.

148. *Ibid.,* p. 15.

149. Lenneman, J., Schwartz, S., Giuseffi, D.L., Wang, C., « Productivity and Health: An Application of Three Perspectives to Measuring Productivity », *Journal of Occupational and Environmental Medicine,* vol. 53, n° 1, 2011, p. 55-61.

Holden, L., Scuffham, P.A., Hilton, M.F., Ware, R.S., Vecchio, N., Whiteford, H.A., « Which Health Conditions Impact on Productivity in Working Australians? », *Journal of Occupational and Environmental Medicine,* vol. 53, n° 3, 2011, p. 253-257.

Stewart, F.W., Ricci, J.A., Chee, E., Morganstein, D., Lipton, R., « Lost Productive Time and Cost Due to Common Pain

Conditions in the US Workforce», *Journal of the American Medical Association*, vol. 290, n° 18, 2003, p. 2443-2454.

150. Larouche, R., «Le coût de l'absentéisme en hausse», *Avantages*, octobre 2004, p. 22.

151. Equal Opportunity for Women in the Workplace Agency, «Attract and retain the best talent», [http://www.eowa.gov.au/Australian_Women_In_Leadership_Census/About_Equal_Opportunity/Why_EO_Makes_Business_Sense/Five_Ways_EO_Boosts_Profitability/Attract_and_Retain_the_Best_Talent.asp].

152. «Plateauing: Redefining Success at Work», *Wharton Magazine*, 2006, p. 4.

153. Catalyst, *Beyond a Reasonable Doubt: Building the Business Case for Flexibility*, The Catalyst series on flexibility in Canadian law firms, New York, 2005, p. 9.

154. Guérin, G., St-Onge, S., Haines, V., Trottier, R., Simard, M., «Les pratiques d'aide à l'équilibre emploi-famille dans les organisations du Québec», *Relations industrielles/Industrial Relations*, vol. 52, n° 2, 1997, p. 281-291.

155. Heyman, J. et Barrera, M., *Creating Value by Investing in Your Workforce*, Boston, Harvard Business School Publishing, 2010, p. 101-102.

156. Kossek, E. et Ozeki, C., «Bridging the work-family policy and productivity gap: a literature review», *Community, Work & Family*, vol. 2, n° 1, 1999, p. 25.

157. Heyman, J. et Barrera, M., *op. cit*, p. 204-205.

158. Ioannidis, C. et Walther, N., *Your loss: How to win back your female talent*, 2010.

159. Smith, J., «Time Use Among New Mothers, the Economic Value of Unpaid Care Work and Gender Aspects of Superannuation Tax Concessions», *Australian Journal of Labour Economics*, vol. 10, n° 2, 2007, p. 100.

160. Organisation de Coopération et de Développement Économiques, *op. cit.*, p. 367.

161. Gümbel, D., *The Influence of Gender Inequality on Economic Growth*, 2004, p. 12.

162. Statistique Canada, *Enquête sur la population active*, tableau CANSIM 282-0002 (estimations selon le sexe et le groupe d'âge détaillé, annuel), 2011.

163. Daly, K., «Gender Inequality, Growth and Global Ageing», New York, Goldman Sachs, *Global Economics Paper*, n° 154, avril 2007, p. 5.

164. *Ibid.*, p. 9.

165. Mortvik, R. et Spant, R., «L'Égalité des sexes engendre-t-elle la croissance?», *L'Observateur de l'OCDE*, n° 250, juillet 2005, p. 1.

166. Cassells, R., Vidyattama, Y., Miranti, R., McNamara, J., *The impact of a sustained gender wage gap on the Australian economy*, Canberra, Commonwealth of Australia, Office for Women, Department of Families, Community Services, Housing and Indigenous Affaires, novembre 2009, p. 20, 21, 23.

167. Higgins, C., Duxbury, L., Lyons, S., *op. cit.*, p. 34.

168. Centre sur la productivité et la prospérité, *Productivité et prospérité au Québec: bilan 2010*, HEC Montréal, 2010, p. 51.

CHAPITRE 8

169. Orser, B., *op. cit.*, p. 18.

170. Rochette, M., *Les petites et moyennes entreprises et la conciliation travail-famille*, ministère de la Famille et des Aînés, 2009, p. 27-28.

171. Ministère de la Famille et des Aînés, « Une initiative unique au monde ! », [http://www.mfa.gouv.qc.ca/fr/Famille/travail-famille/norme/Pages/index.aspx].

172. Hewlett, S.A., *op. cit.*, p. 126.

173. *Ibid.*, p. 119.

174. *Ibid.*, p. 135.

175. *Ibid.*, p. 127.

176. *Ibid.*

177. Chartered Institute of Personnel and Development, *Flexible Working: The Implementation Challenge*, Londres, octobre 2005, p. 15.

178. Eyring, A. et Stead, B.A., « Shattering the Glass Ceiling: Some Successful Corporate Practices », *Journal of Business Ethics*, vol. 17, n° 3, 1998, p. 249-250.

179. The Conference Board of Canada, *Creating High-Performance Organizations. Leveraging Women's Leadership*, *op. cit.*, p. 20-21.

180. Hewlett, S.A., *op. cit.*, p. 121.

181. AXA, *AXA Group Human Capital – Social Data Report 2011*, [http://www.axa.com/lib/axa/uploads/ds/2008/AXA_Social_Data_2011.pdf], p. 13.

182. Sun Microsystems, *Sun's Open Network Energy Measurement Project – A Study of Energy Consumption and Savings*, [http://www.smart2020.org/_assets/images/Open_Work_Energy_WP_02-25-09.pdf], février 2009, p. 14.

183. Hewlett, S.A., *op. cit.*, p. 141.

184. *Ibid.*, p. 139.

185. *Ibid.*, p. 141-142.

186. *Ibid.*, p. 155-157.

187. McKinsey & Company, *Women Matter 3 – Le leadership au féminin, un atout face à la crise et pour la reprise, op. cit.*
188. McKinsey & Company, « A business case for women », *The McKinsey Quarterly*, septembre 2008, p. 4.
189. Jones, D., « Often, men help women get to the corner office », *USA Today*, [http://www.usatoday.com/money/companies/management/2009-08-04-female-executives-male-mentors_N.htm], 8 mai 2009.
190. Prime, J. et Moss-Racusin, C.A., *Engaging Men in Gender Initiatives: What Change Agents Need to Know*, Catalyst, mai 2009, p. 29.
191. Lipman-Blumen, J., « Toward a Homosocial Theory of Sex Roles: An Explanation of the Sex Segragation of Social Institutions » dans Blaxall, M. et Regan, B. (dir.), *Women and the Workplace*, University of Chicago Press, 1976, p. 15-31.
192. Finland Central Chamber of Commerce, « The Finnish experience in promoting women on company boards », [http://www.keskuskauppakamari.fi/site_eng/Media/Speeches/The-Finnish-experience-in-promoting-women-on-company-boards], mars 2010.
193. Deloitte Global Center for Corporate Governance, *Women in the boardroom: A global perspective*, novembre 2011, p. 22-23.
194. *Ibid.*, p. 14.
195. *The Economist*, « Waving a big stick: Quotas for women on boards in the European Union are moving a little closer », [http://www.economist.com/node/21549953], mars 2012.
196. Commission européenne, « Femmes dans les conseils d'administration – Briser le "plafond de verre" », [http://ec.europa.eu/commission_2010-2014/reding/multimedia/news/2012/03/20120305_fr.htm], mars 2012.
197. Catalyst, *2011 Catalyst Census: Financial Post 500 Women Board Directors*, 2012, p. 1.
198. *Ibid.*

Conclusion

199. *Ibid.*